Hermine Starke-Kleim

Intersexualität eine Herausforderung für die Soziale Arbeit

Hermine Starke-Kleim

Intersexualität eine Herausforderung für die Soziale Arbeit

Begleitung und Unterstützung von Eltern intergeschlechtlicher Kinder

Fromm Verlag

Imprint

Cover image: www.ingimage.com

Publisher:
Fromm Verlag
is a trademark of
Dodo Books Indian Ocean Ltd., member of the OmniScriptum S.R.L Publishing group
str. A.Russo 15, of. 61, Chisinau-2068, Republic of Moldova Europe
Printed at: see last page
ISBN: 978-613-8-37484-8

Inhaltsverzeichnis

1 Einleitung

Für werdende Eltern ist eines der wichtigsten Ereignisse der Ultraschall, bei dem das Geschlecht des ungeborenen Kindes festgestellt wird. Wird es ein Mädchen oder ein Junge? Diesem Moment fiebern viele Eltern mit höchster Spannung entgegen. Sie haben bereits Wünsche und Pläne für ihr künftiges Baby. Was passiert, wenn Eltern erfahren, dass das Geschlecht ihres Kindes nicht festgestellt werden kann, oder sich bei der Geburt herausstellt, dass ihr Neugeborenes weder eindeutig weiblich noch männlich ist? Für viele Eltern ist es zunächst ein Schock, wenn ihnen mitgeteilt wird, dass sie ein intersexuelles Kind zur Welt gebracht haben.

Diese Bachelor-Arbeit beschäftigt sich mit der Thematik, wie Intersexualität sich auf das Familienleben auswirken kann und welche Schlussfolgerungen sich daraus für die Soziale Arbeit ergeben. Die zentrale Fragestellung lautet: Warum benötigen Eltern eine spezielle Unterstützung im Umgang mit ihrem intersexuellen Kind und in wie weit kann die Soziale Arbeit hierbei begleitend wirksam werden?

Seit 2013 besteht die Möglichkeit, die Geschlechtsangabe im Personenstandsregister frei zu lassen, trotzdem fällt es einer Gesellschaft, in der binäre Geschlechtsverhältnisse herrschen, weiterhin schwer, Abweichungen von der Norm zu ertragen und zu zulassen.

Diese Arbeit soll einen Beitrag zur Aufklärung über Intergeschlechtlichkeit leisten und untersucht Zusammenhänge von geschlechtsbedingten Aus- und Abgrenzungen. Ziel dieser Arbeit ist es darzulegen, ob eine Zusammenarbeit von Eltern und Sozialer Arbeit intergeschlechtlichen Kindern helfen kann, ihre Persönlichkeit frei zu entwickeln. Desweiteren soll aufgezeigt werden, inwieweit die Soziale Arbeit dazu beitragen kann, binäre Geschlechtsstrukturen zu durchbrechen und Vielfalt anzunehmen.

Im Rahmen dieser Auseinandersetzung wurde sich auf die Thematik Intergeschlechtlichkeit fokussiert. Transsexualität als ein Bestandteil von geschlechtlicher Vielfalt wird in diesem Zusammenhang nicht näher betrachtet. Transsexualität bildet ein eigenes Thema und würde von der Ziel- und Fragestellung dieser Arbeit zu weit abweichen. Bei dieser Arbeit handelt es sich um theoretische Auseinandersetzung mit der Thematik. Es existieren einige wissenschaftliche Auseinandersetzungen mit dem Thema Intersexualität und zahlreiche Veröffentlichungen über den Gegenstand Geschlecht und Gender.

Jedoch wird der Bereich Eltern von intersexuellen Kindern nur selten analysiert. Zur Erarbeitung dieser Thesis wurden unteranderem Erkenntnisse von Autoren aus der Erziehungswissenschaft, Medizin und Soziologie hinzugezogen.
Die Arbeit unterteilt sich in drei Kernkapitel. Nach der Einleitung schließt sich der Abschnitt Intersexualität an. In diesem werden wichtige Begriffe definiert, gesellschaftliche, medizinische und historische Zusammenhänge hergestellt und aktuelle Bezüge dargelegt, welche als Grundlage zum Verständnis der darauf folgenden Kapitel dient. In Kapitel drei stehen die Eltern intersexueller Kinder im Vordergrund der Ausarbeitung. Es wird untersucht, ob und welche Problemlagen existieren und wie diese entstehen. Der letzte Punkt bindet die Soziale Arbeit in die Thematik ein und widmet sich gendertheoretischen Überlegungen und Möglichkeiten der Intervention.
In dieser Arbeit wurde der sogenannte Gender* Stern verwendet, da dieser nicht nur die männliche und weibliche Form beinhaltet, sondern auch andere Geschlechtsidentitäten anspricht.

2 Intersexualität

In den verschiedenen wissenschaftlichen Auseinandersetzungen mit Intergeschlechtlichkeit wurde sehr deutlich, dass zum Thema Intersexualität viele unterschiedliche Meinungen existieren. Bereits bei der Begrifflichkeit gibt es keine einheitliche Auffassung und zum Teil kontroverse Standpunkte. Nach kritischer Betrachtung dieser Vielfalt und um eine wertschätzende und nicht diskriminierende Sprache zu gebrauchen, werden in dieser Ausarbeitung vorwiegend die Bezeichnungen Intersexualität und Intergeschlechtlichkeit verwendet. Intersexualität kommt aus dem medizinischen Kontext. Betroffene sehen diesen Ausdruck nicht unkritisch (aufgrund der sprachlichen Nähe zu Transsexualität), dennoch wird er akzeptiert und ist international anerkannt und wurde daher für die Bachelor-Arbeit gewählt.[1] Intergeschlechtlich ist ein menschenrechtsorientierter Begriff, welcher Menschen mit nicht eindeutig männlichen bzw. weiblichen biologischen Geschlechtsmerkmalen beschreibt.[2] Die Internationale Vereinigung Intergeschlechtlicher Menschen favorisiert diese Bezeichnung, da sie sowohl das biologische, als auch das soziale Geschlecht umfasst. Die englische Übersetzung Intersex wird in diesem Rahmen ebenfalls gebräuchlich.[3] In dem folgenden Kapitel wird Intersexualität in verschiedenen Zusammenhängen betrachtet und diese näher erläutert.

2.1 Geschlechtliche Vielfalt

Menschen besitzen nicht nur das biologische Geschlecht, welches in Deutschland gleich nach der Geburt auf Grundlage der äußeren Genitalien bestimmt wird. Es gibt noch wesentlich mehr Merkmale, die unsere Identität und letztendlich unser Leben bestimmen. In diesem Abschnitt wird Intersexualität in den Bereich der geschlechtlichen Vielfalt eingebettet und dazugehörige Begriffe definiert.

Geschlechtervielfalt beschreibt einen Ansatz, der sich auf die Unterschiedlichkeit von Geschlecht bezieht und die biologische, psychische und soziale Sicht auf Geschlecht berücksichtigt. Der Grundbegriff Geschlecht bezeichnet Menschen als weiblich und männlich und umfasst das biologische, das psychische und das

---

[1] {Intersexualität | Intersexuelle Menschen 01.05.2015}
[2] {Barth u.a. 2013, 116 }
[3] {IVIM 05.05.2015}

soziale Geschlecht. Daraus resultiert, dass das eigene Geschlecht sich nicht nur aus geschlechtstypischen körperlichen Merkmalen bildet, sondern ebenso aus der eigenen Identität und Rollen, die übernommen werden. Die Norm ist in unserer Gesellschaft die Zwei-Geschlechter-Ordnung, bestehend aus männlich und weiblich.[4] Das soziale Geschlecht heißt im englischen „Gender" und stellt nicht körperliche Merkmale dar, welche als typisch männlich oder weiblich empfunden werden; dazu zählen Aussehen und Verhaltensweisen, welche durch die Gesellschaft Männern bzw. Frauen zugeschrieben werden. Es geht demnach um Geschlechterrollen, die in Kulturen und Gesellschaften festgelegt werden. Dieser Prozess ist nicht statisch. Er vollzog und vollzieht sich in ständigen Veränderungen.[5] Wenn Menschen aus gesellschaftlicher Sicht eine ihrem biologischen Geschlecht, nicht der Norm entsprechenden Lebensweise führen, wird dies als geschlechtsvariantes bzw. nicht konformes Geschlechtsverhalten bezeichnet.[6] Die individuelle Wahrnehmung und innere Überzeugung, welchem Geschlecht ein jeder selbst angehört, ob Mann, Frau oder einem dritten Geschlecht, drückt das psychische Geschlecht oder auch die Geschlechtsidentität aus. Oftmals besteht eine Übereinstimmung zwischen dem biologischen und dem psychischen Geschlecht. Menschen, welche der Überzeugung sind, mit dem biologisch „falschen" Geschlecht geboren worden zu sein, werden Transsexuelle genannt.[7] Die dritte und bereits angesprochene Einheit ist das biologische Geschlecht. In der englischen Sprache wird es als „sex" bezeichnet und umfasst die körperlichen Geschlechtsmerkmale. In Kapitel 2.2 wird näher auf diese Merkmale eingegangen. An Hand der physiologischen Merkmale wird bei der Geburt das Geschlecht des Neugeborenen festgelegt. Intersexuell geborene Menschen weichen von der allgemein anerkannten Norm ab. Sie werden mit nicht eindeutig körperlich männlichen oder weiblichen Geschlechtsmerkmalen auf die Welt gebracht.[8] In der Literatur ist oftmals auch die Abkürzung LGBT zu finden. Die Bedeutung dieses Wortes ist Lesbian, Gay, Bisexual and Transgender. Es handelt sich hierbei um eine gebräuchliche Abkürzung, welche unteranderem von Amnesty International und den Vereinten Nationen genutzt wird. LGBTI fügt

---

[4] {Kugler u.a. 2012, 76,ff}
[5] {Kugler u.a. 2012, 18,ff}
[6] {Brill u.a. 2011, 18}
[7] {Kugler u.a. 2012, 19}
[8] {Kugler u.a. 2012, 76,ff }

intersexuell noch hinzu, um auch deren Lebenssituation Aufmerksamkeit zu widmen.[9] Die Begriffe Intergeschlechtlichkeit und Transsexualität wurden lange unter dem Wort Hermaphroditismus zusammengefasst. Erst ab ungefähr 1950 wurden sie getrennt voneinander behandelt.[10] Aktivist*innen intergeschlechtlicher Menschen ist es ein großes Anliegen, Intersexualität von Transsexualität abzugrenzen. Gegenstand dieser Arbeit ist die Intersexualität, daher werden Zusammenhänge von transsexuellen Menschen in diesem Kontext nicht näher dargestellt, da dies den Rahmen der Ausarbeitung sprengen würde. Jedoch werden an dieser Stelle beide geschlechtlichen Merkmale nebeneinander gestellt, um eine eindeutige Trennung aufzuzeigen. Intersexuelle Menschen nehmen biologisch eine Art geschlechtliche Zwischenstellung ein, wenn von einem Zwei-Geschlechtermodell ausgegangen wird. Transsexuelle Personen hingegen werden in der Regel in einem eindeutigen biologischen Geschlecht geboren. Dieses passt jedoch nicht zu ihrem psychischen Geschlecht. Das bedeutet: Sie fühlen sich in ihrem festgelegten Geschlecht nicht wohl und beabsichtigen einen Wechsel zu ihrem psychischen Geschlecht. Dazu nehmen sie auch medizinische Maßnahmen wie Hormonbehandlungen und Operationen in Anspruch.[11]

Bei Intersexualität handelt es sich folglich um eine Besonderheit des biologischen Geschlechts. Medizinische Aspekte und Formen der Intergeschlechtlichkeit werden in dem nächsten Kapitel beleuchtet.

2.2 Medizinische Grundlagen

Intersexualität im biologischen Sinne beschreibt Menschen mit nicht eindeutig ausgebildeten Geschlechtsmerkmalen.[12]

Weitere Bezeichnungen, die im medizinischen Kontext verwendet wurden bzw. noch verwendet werden, sind Zwitter und Hermaphrodit. Diese verschwinden allmählich aus dem Sprachgebrauch, sind jedoch immer noch in einigen aktuellen Quellen zu finden. Manche intersexuelle Menschen wählen diese Wörter bewusst als Selbstbezeichnung, um der diskriminierenden Wirkung dieser Ausdrücke

[9] {Kugler u.a. 2012, 28}
[10] {Nussberger 2014, 27}
[11] {Bundeszentrale für politische Bildung 01.06.2015}
[12] {Brill u.a. 2011, 24}

entgegenzusetzen. Eine neue Bezeichnung für intergeschlechtliche Menschen ist Disorders of Sexdevelopment (DSD). [13]

DSD bedeutet übersetzt: Störungen der sexuellen Entwicklungen. Diese Verwendung des Begriffes wird von der Mehrheit der intersexuellen Menschen abgelehnt. Intersexualität wird in diesem Zusammenhang als Störung dargestellt und eine negative Bedeutung beigemessen. Der Deutsche Ethikrat verwendet ebenfalls den Begriff DSD, jedoch mit einem anderen Grundverständnis. In diesem Kontext heißt DSD Differences of sex development (Unterschiede der sexuellen Entwicklung).[14]

Gemeinsam haben alle medizinischen Bezeichnungen, dass Menschen mit nicht eindeutigen Geschlechtsmerkmalen als Patienten mit einer Krankheit bzw. Störung eingestuft wurden und oftmals immer noch eingestuft werden. Aus diesem Grund ist DSD im ICD-International Statistical of Diseases and Related Health Problems (Internationale statistische Klassifikation der Krankheiten und verwandter Gesundheitsprobleme) aufgeführt. Formen von DSD werden im ICD zum einem in Kapitel vier unter Endokrine, Ernährungs- und Stoffwechselkrankheiten und zum anderen in Kapitel siebzehn unter angeborene Fehlbildungen, Deformitäten und Chromosomenanomalien aufgeführt. Eine andere Form der Einteilung findet sich im Chicago Consensus Statement, eine Leitlinie zum medizinischen Umgang mit intersexuellen Menschen. Hier erfolgt die Einordnung in Hinblick auf das chromosomale Geschlecht. Intersexualität kann demnach nicht allein unterschiedlich benannt, sondern auch unterschiedlich eingeordnet werden. Beide Konzepte stammen aus dem medizinischen Bereich und finden hier auch ihre Begründung. Diese Arbeit orientiert sich bei der Darstellung der Formen von Intersexualität an der Stellungnahme des Deutschen Ethikrates. Der deutsche Ethikrat hat sich für den Begriff DSD entschieden, meint jedoch Unterschiede und nicht Störungen der sexuellen Entwicklung. [15]

Er teilt Intersexualität wie folgt ein:

- „DSD bei angeborener atypischer Ausprägung der Gonaden,
- DSD bei angeborenen Störungen des Hormonhaushaltes mit Unterfunktion der Androgene,

[13] {Klöppel 2010, 21,f}
[14] {Bundeszentrale für politische Bildung 01.06.2015}
[15] {Deutscher Ethikrat 2012, 35,f}

- DSD bei angeborenen Störungen des Hormonhaushaltes mit Überfunktion der Androgene."[16]

Bevor diese Formen von Intersexualität näher betrachtet werden, wird an dieser Stelle Grundlegendes über das biologische Geschlecht erklärt.

Das biologische Geschlecht lässt sich unterteilen in das chromosomale, gonodale, hormonale und genitale Geschlecht. Das chromosomale Geschlecht nimmt Bezug auf die Chromosomensätze. Eine entscheidende Rolle spielen hierbei die Geschlechtschromosomen, welche als X- und Y- Chromosom oder auch Gonosome bezeichnet werden. Die Spermien eines Mannes tragen 22 Autosome und ein X- oder Y-Chromosom in sich. Die Eizelle einer Frau besitzt ebenfalls 22 Autosome und in der Regel ein X-Chromosom. Bei dem Fortpflanzungsprozess verschmelzen Ei- und Samenzelle, sodass ein ungeborenes Kind 44 Autosomen und entweder ein X- und ein Y-Chromosom, oder zwei X-Chromosomen besitzt. Daraus ergibt sich der Chromosomensatz 46,XX für das weibliche Geschlecht und 46,XY für das männliche. Es kann zu Abweichungen dieser Chromosomensätze kommen. Beispiele für dieses Phänomen sind Karyotypen, dazu zählen unter anderem das Klinefeltersyndrom (47,XXY) oder das Triple-X-Syndrom (47,XXX) und Y-Polysomien mit Chromosomensätzen wie 47,XYY oder 48,XXYY. Die Zuordnung des Chromosomalen Geschlecht orientiert sich an der Existenz der Y-Chromosomen. Sobald ein Y-Chromosom vorhanden ist, zählt das chromosomale Geschlecht als männlich, andernfalls als weiblich. In dieser Bachelor-Thesis wird auf diese Formen nicht näher eingegangen. Die betroffenen Personen weisen Besonderheiten der sexuellen Entwicklung auf, können jedoch biologisch im Normalfall eindeutig einem Geschlecht zugeordnet werden, da sie geschlechtlich eindeutige Merkmale besitzen. Die Keimdrüsen bzw. Gonodalen bestimmen das gonodale Geschlecht. Hat ein Mensch zwei Hoden, wird er als männlich eingeordnet. Als gonodal weiblich zählt diejenige, die zwei Eierstöcke besitzt. Das biologische Geschlecht, welches gleich nach der Geburt festgestellt wird, orientiert sich am genitalen Geschlecht. Wenn ein Baby eine Klitoris, Schamhügel, Schamlippen besitzt, wird es zum Mädchen erklärt. Hat ein neugeborenes Kind einen Penis und Hodensäcke, wird es als Junge eingetragen. Das hormonelle Geschlecht wird über den Hypothalamus (Zwischenhirn) gesteuert. Hormone sind

---

[16] {Deutscher Ethikrat 2012, 37}

Botenstoffe. Sexualhormone differenzieren körperliche Merkmale. Sie sind jedoch nicht geschlechtstypisch. Beide Geschlechter haben diese Hormone, jedoch in unterschiedlicher Anzahl. Die typisch männlichen Sexualhormone wie Testosteron und Dihydrotestosteron haben Einwirkungen auf die männlichen Geschlechtsmerkmale und die weiblichen Sexualhormone (Progesteron und Östrogene) nehmen Einfluss auf den Menstruationszyklus und die Schwangerschaft.[17]

Bereits bei der Befruchtung der Eizelle wird dementsprechend das chromosomale Geschlecht manifestiert und kann ab der zweiten Schwangerschaftswoche bestimmt und belegt werden. Die Gonodalen hingegen entwickeln sich erst ab der siebten Woche nach der Befruchtung unterschiedlich. Enthält der Chromosomensatz des ungeborenen Kindes ein Y-Chromosom, entstehen in der Regel Hoden, ist kein Y-Chromosom, vorhanden bilden sich Eierstöcke. In der sogenannten pubertären Phase zeigen sich die sekundären Geschlechtsmerkmale. Das bedeutet, es wachsen Scham- und Achselhaare, bei Jungen setzt der Stimmbruch und Bartwuchs ein, Mädchen hingegen bekommen ihre Menstruation und die Brustentwicklung beginnt. [18]

Wenn diese Merkmale des biologischen Geschlechts in Hinblick auf die Zwei-geschlechtliche-Norm eindeutig ausgeprägt sind, kann eine Person als Mann bzw. Frau identifiziert werden. Es gibt jedoch Menschen, deren biologisches Geschlecht nicht eindeutig weiblich bzw. männlich ausgebildet ist. Es gibt verschiedene Ursachen und demnach auch Formen von Intergeschlechtlichkeit. Wie bereits beschrieben, werden nun die Formen nach der Einordnung des Deutschen Ethikrats aufgezeigt.

Die erste Gruppe von Erscheinungsformen existiert bedingt durch untypisch ausgebildete Keimdrüsen. Zu dieser Kategorie gehört die Gonadendysgenesie bei regulärem Chromosomensatz 46,XX. Diese Art tritt selten auf. Menschen mit diesem Typus haben anatomisch ein weibliches Erscheinungsbild, jedoch besitzen sie nicht funktionsfähige Eierstöcke. Bei dem Swyer-Syndrom liegt ein Defekt bei der Entwicklung der Hoden vor. Grund ist ein genetischer Fehler, welcher die eigentliche Funktion des Y-Chromosoms blockiert. Statt der Hoden entstehen Strang-Gonaden, die ein hohes Krebsrisiko hervorrufen. Die weiteren

[17] {Deutscher Ethikrat 2012, 29,ff}
[18] {Dericks-Tan u.a. 2000, 101,f}

Geschlechtsorgane haben sowohl innerlich als auch äußerlich weibliche Kennzeichen, jedoch ohne funktionierende Gonaden. Ein Baby mit dem Swyer-Syndrom wird als weiblich bestimmt. Die Häufigkeit dieser Gonadendysgenesie liegt bei circa 1:30000. Die nächste selten auftretende Form, die zu dieser Gruppe gehört, ist die Gemischte Gonadendysgenesie. Betroffene haben sowohl eierstock- als auch hodenähnliche Organe, das heißt sie sind körperlich zweigeschlechtlich. Entwickeln sich diese Organe zu Strang-Gonaden, besteht ein hohes Risiko für Krebs. Häufig tritt die gemischte Gonadendysgenesie mit einem Chromosomenmosaik auf. Bei Personen mit dem Müller-Gang-Persistenz-Syndrom lautet der Chromosomensatz 46,XY. Auf Grund des Fehlens der Rückbildung des Müller-Gangs werden keine inneren männlichen Geschlechtsorgane ausgebildet. Die letzte Form dieser Kategorie hieß ursprünglich echter Hermaphroditismus, mittlerweile wird sie Ovotestiskuläre DSD genannt. Sie stellt eine sehr seltene Art von Intersexualität dar, die bei Karyotyp 46,XX, 46XY, als auch bei chromosomalen Mosaizismus (46,XX/46XY) vorkommt. Im Körper des betroffenen Menschen gibt es Eierstock- und Hodengewebe. Häufig entwickelt sich der Körper eher weiblich, es gibt jedoch auch Fälle, in denen er sich männlich entfaltet. Insofern die Keimdrüsen nicht ausreifen, besteht eine gesteigerte Krebsgefahr.[19]

Die zweite Gruppe beinhaltet Formen, die durch eine Androgenunterfunktion hervorgerufen werden. Bei Androgenen handelt es sich um Hormone. Die erste Kategorie dieser Gruppe sind Defekte bei der Androgensynthese, welche die Auswirkung einer Leydig-Zell-Agenesie bzw. –Hypoplasie sind. Leydig-Zellen sind verantwortlich für die Produktion von Hormonen in den Hoden. Es gibt milde und schwere Erscheinungsformen dieser biologischen Besonderheit. Bei ersterem Beispiel besitzt der betroffene Mensch körperlich zwischengeschlechtliche Merkmale. Es kann sich jedoch auch um einen eher männlichen Phänotyp handeln, jedoch ist der Penis in diesem Fall kleiner als normal und es liegt eine Störung der Harnröhrenentwicklung (Hypospadie) vor. Bei einer schweren Störung der Androgensynthese sind die äußeren Genitalien weiblich, in Form einer verkürzten Vagina, jedoch ohne Uterus und Ovarien. Im Körper befinden sich hingegen Hoden in der Leistengegend. Wenn ein Steroid-5-alpha-Reduktase-

[19] {Deutscher Ethikrat 2012, 39,ff}

Mangel vorliegt, besteht eine erbliche Enzymstörung. Steroid-5-alpha-Reduktase ist ein Hormon, welches Testosteron in Dihydrotestosteron umwandelt. Sobald es fehlt, sind die Genitalien eher weiblich, jedoch mit verborgenen Hoden. In der Pubertät wirkt das Testosteron und die Anatomie vermännlicht, das bedeutet, es entsteht ein Penis mit Hypospadie. Diese Form tritt sehr selten auf. Die betroffen Babys werden als weiblich bestimmt. Ein weiterer seltener erblicher Enzymdefekt ist der 17-beta-Hydroxysteroid-Dehydrogenase-Mangel. Dieses Enzym beeinflusst einen Schritt der Testosteronsynthese. Ist es nicht vorhanden, bleibt das weibliche Grundmuster der Geschlechtsorgane bestehen und das neugeborene Kind wird ebenfalls als weiblich identifiziert und es findet in der Pubertät eine sogenannte Vermännlichung statt. Es gibt auch Fälle, in denen das äußerliche Erscheinungsbild zweigeschlechtlich ist. Die Androgeninsensitivität tritt in etwa 1:20000 Fällen auf. Hier liegt die Ursache in mutierten Androgenrezeptoren, welche die Androgenwirkung verhindern. Bei CAIS (Complete Androgen Insensitivity Syndrome) ist die gesamte Wirkung blockiert. In diesem Fall lautet der Chromosomensatz 46,XY. Die äußeren Geschlechtsorgane sind hingegen weiblich und so wird ein Kind als weiblich festgelegt. In der Pubertät bleibt die Menstruation aus, da im Bauchraum Hoden zu finden sind. Die inneren Genitalien sind demnach männlich. Der Körper entwickelt sich hingegen eher männlich, wenn die Androgenwirkung nicht vollständig gehemmt wird. Diese Form wird PAIS (Partial Androgen Insensitivity Syndrome) genannt. Das Erscheinungsbild der betroffenen Personen variiert zwischen gemischt weiblich und männlich oder eher männlich. Im Bauchraum befinden sich unreife Gonaden, die ein erhöhtes Krebsrisiko ausstrahlen.[20]

Die letzte Gruppe von den sogenannten „DSD"-Formen hat eine Androgenüberfunktion zur Ursache. Hier gibt es zwei Möglichkeiten des sogenannten Androgenitalen Syndrom (AGS). Zum einem kann AGS bei genetisch eindeutig weiblichen Geschlecht (46,XX) auftreten. Diese Form ist die häufigste und tritt bei circa 1 zu 10000 Geburten auf. Es handelt sich hierbei um eine erbliche Mutation in einem der Gene. Hierbei kann die Bildung von Enzymen, wie 21-alpha-Hydroxylase, 11-beta-Hydroxylase, 3-beta-Hydroxysteroid-Dehydrogenase, 17-alpha-Hydroxylase durch das mutierte Gen gestört sein und

[20] {Deutscher Ethikrat 2012, 41,f}

Hormone werden stark gemindert oder auch gar nicht produziert. Dieser Prozess findet bereits während der Schwangerschaft statt und ruft eine Vermännlichung der äußeren Genitalien hervor. Es bilden sich stark vergrößerte Schamlippen und Klitoris, dass sie ein penis- und hodenartiges Aussehen annehmen. Ist dieses Syndrom stark ausgebildet, kann bei der Geburt das Geschlecht nicht eindeutig bestimmt werden. Bei einer nicht so starken Ausprägung dieser Form setzt die Vermännlichung erst in einem späteren Zeitraum ein. In diesem Fall wird AGS auch als Entwicklungsstörung verstanden. Im Normalfall wirkt sich die Vermännlichung lediglich auf die äußeren Genitalien aus. Die betroffene Person hat einen weiblichen Chromosomensatz und weibliche innere Geschlechtsorgane und ist mit der rechtzeitigen und richtigen medizinischen Behandlung fortpflanzungsfähig. AGS bei dem Karyotyp 46,XY ist autosomal-rezessiv und hat hormonell ähnliche Auswirkungen wie AGS bei dem Chromosomensatz 46,XX. Menschen mit diesem Syndrom haben jedoch keine zweigeschlechtlichen Merkmale. Hormonelle Behandlungen sind in beiden Fällen notwendig. Betroffene von AGS fühlen sich biologisch eindeutig weiblich bzw. männlich.[21] Aus diesem Grund lehnen sie den Begriff intersexuell für sich ab.[22] Da in dieser Arbeit auf Menschen eingegangen wird, welche biologisch nicht dem zweigeschlechtlichen Modell entsprechen und sich auch nicht damit identifizieren, beinhaltet in diesem Kontext der Begriff Intersexualität nicht das Syndrom AGS.

Neben den bereits dargestellten drei Kategorien gibt es auch die Möglichkeit, dass das Urogenitalsystem fehlgebildet ist. Unter anderem liegen bei der Vaginalen Atresie nicht normal entwickelte Geschlechtsorgane vor. Biologisch ist dieser Mensch rein weiblich. Es kann aber bei der Geburt durch die Fehlbildung zu einer Fehleinschätzung des Geschlechts kommen und das Kind als männlich eingetragen werden.

Einige Formen von Intersexualität lassen sich gleich nach der Geburt diagnostizieren, da sowohl weibliche als männliche Geschlechtsmerkmale existieren. Es gibt jedoch auch die Varianten, die sich erst während der Pubertät aufzeigen, zum Beispiel durch untypische sekundäre Geschlechtsmerkmale. Es gibt Möglichkeiten zur medizinischen Diagnose von Intersexualität. In dem das chromosomale, gonodale und hormonale Geschlecht untersucht wird, kann ein

---

[21] {Deutscher Ethikrat 2012, 40,ff}
[22] {Deutscher Ethikrat 2012, 11}

Verdacht bestätigt oder negiert werden. Einbezogen in diese Diagnose werden die Zellbiologie, Genetik, Biochemie, Physiologie und Anatomie. Diese Untersuchungen sind umfassend und nehmen einige Zeit in Anspruch. Es gibt weitere Möglichkeiten zur Diagnose, dazu zählt zum Beispiel die Hodenbiopsie. Diese Methode ist jedoch nicht ungefährlich. [23]

Wie viele Menschen letztendlich von Intersexualität betroffen sind, ist schwer zu sagen, da die Meinungen dazu in den unterschiedlichen Quellen stark auseinander gehen. Desweiteren ist davon auszugehen, dass es eine Dunkelziffer von Menschen gibt, die sich offiziell nicht als intergeschlechtlich outen bzw. gar nicht von ihrer Intergeschlechtlichkeit in Kenntnis sind. Es gibt rund 80000-120000 Menschen in Deutschland, die als medizinisch intersexuell klassifiziert sind.[24]

Intersexualität spielt nicht nur in der Medizin und Biologie eine wesentliche Rolle. Auch das Recht und die Gesellschaft müssen sich seit langem mit der Thematik auseinandersetzen. Das nächste Kapitel beleuchtet den Umgang mit Intergeschlechtlichkeit in den unterschiedlichen Bereichen.

2.3 Gesellschaftliche und wissenschaftliche Reaktionen

Intersexuelle Menschen wurden von je her zwiespältig von der Gesellschaft wahrgenommen. Einerseits werden sie mit Faszination betrachtet und andererseits gelten sie als unnormal und unnatürlich.[25] Dieses Kapitel erläutert die Zusammenhänge zwischen der aktuellen Diskussion über Intersexualität und dem historische Kontext. Einbezogen werden medizinische Ansichten, rechtliche Regelungen und der gesellschaftliche Blick auf die Thematik.

2.3.1 Historische Entwicklung

Der Umgang mit intergeschlechtlichen Personen wurde über Jahrhunderte von Menschen geprägt, die nicht selbst betroffen waren und fest in das zweigeschlechtliche Schema integriert waren.[26] Der älteste Name für Intersexualität lautet Hermaphroditismus. Der Name stammt aus einer

[23] {Deutscher Ethikrat 2012, 46,ff}
[24] {Kugler u.a. 2012, 80}
[25] {Nussberger 2014,.263}
[26] {Nussberger 2014, 13}

griechischen Sage. Hermaphrodit soll der Sohn der Göttin Aphrodite und des Gottes Hermes gewesen sein. Später sollen sich bei dem jungen Mann Brüste entwickelt haben und er wurde zur Frau. Demnach wurde bereits im Altertum Intersexualität wahrgenommen.[27] Zwitter und Hermaphrodit waren bis ins 20.Jhd. hinein die allgemeinen Begriffe für intergeschlechtliche Menschen.[28] Der sogenannte Hermaphroditismus wird seit ungefähr 500 Jahren vor unserer Zeitrechnung in vielen Aufzeichnungen erwähnt. Vor allem in der Renaissance wurde einige Forschung zu dieser Thematik betrieben.[29]

Die ersten, welche Intersexuelle Menschen in ihren Aufsätzen erwähnten, waren Philosophen und Historiker. Praktischen Umgang hatten hauptsächlich Priester mit intersexuellen Menschen. Ihre Aufgabe lag in der Eliminierung von intersexuellen Personen. Der Grund hierfür lag in der Wahrnehmung der intergeschlechtlichen Menschen. Sie galten als von Gott geschickte unheilverkündigende Boten. Es wurde davon ausgegangen, dass ihre Eliminierung das Unglück von der Bevölkerung abwenden könne. Ausgenommen von dieser These waren Menschen, welche eine spontane Geschlechtsänderung vollzogen. Diese brachten kein Unheil, sondern galten einfach als körperlich krank. Intersexuelle Personen, die dieser Zuschreibung entsprachen, galten als Patient*innen und sie benötigten eine Therapie. Als zuständige Instanz wurden Ärzte aktiv. Sie ergriffen Maßnahmen, um Symptome wie die ausbleibende Regelblutung zu beheben. Schon in der Antike existierten wissenschaftliche Thesen zu den Ursachen von Intersexualität. Es bestanden drei hauptsächliche Annahmen. So wurde die Auffassung vertreten, sogenannte Hermaphroditen würden auf Grund von Vererbung oder Entwicklungsdefekten bestehen. Vertreter*innen der dritten Variante gingen davon aus, dass es das Phänomen Intersexualität gar nicht gab und es sich lediglich um Täuschungen handelte. Mit dieser Entwicklung wandelte sich mit der Zeit das Bild der intergeschlechtlichen Menschen. Sie wurden zu einem Objekt der Forschung und galten als sogenannte Mischmenschen, welche zwischen den Polen weiblich und männlich standen.[30] Ende des 19.Jhd. wurden jegliche Formen des damaligen Hermaphroditismus zu einem Thema der Medizin. Betroffene Menschen passten nicht in das Schema der Zwei-Geschlechtlichkeit

[27]{Dericks-Tan u.a. 2000, 107}
[28]{Barth u.a. 2013, 116}
[29]{Nussberger 2014, 277,f}
[30]{Nussberger 2014, 249,ff}

und entsprachen nicht der Norm. Zu Beginn des 20. Jhd. entstand der Begriff Intersexualität, dem viele Formen der Zwischengeschlechtlichkeit zugeordnet wurden und von diesen die Mehrheit als Krankheit galt, derer es einer Behandlung bedurfte.[31] In den 1950er Jahren entwickelte unter anderem der Psychologe John Money vom John-Hopkins-Universitätsklinikum das Baltimorer-Konzept.[32] Dieses beinhaltete Forschungen zum Umgang mit intersexuellen Menschen, welche allgemein anerkannt waren und an intergeschlechtlichen Kindern praktiziert wurde. Er war der Annahme, dass die Geschlechtsidentität in den ersten drei Lebensjahren eines Kindes keine Rolle spielt und hauptsächlich sozial geprägt wird. Sozialisationseinflüsse hätten eine größere Bedeutung als biologische Faktoren. Seiner Meinung nach sollten Kinder, die mit einem nicht eindeutigen Geschlecht zur Welt kamen, so früh wie möglich operativ an die Geschlechtsnorm angeglichen werden und durch die anschließende Erziehung durch die Eltern in dem festgelegten Geschlecht erzogen werden. Diese Operationen waren teilweise mit hohen Risiken und Belastungen verbunden. Ein weiterer Bestandteil der Theorie von John Money bestand in der Auffassung, dass Angehörige mit den Betroffenen nie über die biologischen Besonderheiten sprechen sollten, da dies die Kinder nur unnötig belasten und die Entwicklung gefährden würde. Aus diesem Grund wurden die Eltern ungenügend über den Zustand ihrer Kinder, die medizinischen Maßnahmen und Folgen aufgeklärt.[33] Es gab jedoch nicht nur Befürworter dieser Thesen. Ein Beispiel ist Milton Diamond, Professor für Anatomie und reproduktive Biologie. Er verfolgte die These, dass sich die Entwicklung gewisser geschlechtlicher Eigenschaften auf Grund von einer durch Gene und Hormone festgelegten Veranlagung, vollzieht.[34]

Anders als die Medizin beschäftigte sich die Justiz in der Antike kaum mit dem Phänomen Hermaphroditismus. Diese Aufgabe übernahmen die Priester. Wie bereits aufgezeigt, wurden intersexuelle Menschen im Römischen Reich weniger als Menschen angesehen. Sie galten vielmehr als Boten Gottes, die Unglück mit sich brachten. Jedoch musste die Justiz im Laufe der Zeit tätig werden. Die soziale Ordnung, in der Männer und Frauen geschlechtsspezifische Aufgaben, Rechte und Positionen besaßen, musste aufrecht gehalten werden. Die

[31]{Deutscher Ethikrat 2012, 48}
[32]{Nussberger 2014, 259}
[33]{Bundeszentrale für politische Bildung 01.06.2015}
[34]{Deutscher Ethikrat, 2012, 50}

Schlussfolgerung war: Personen, die biologisch weder rein weiblich noch männlich waren, mussten einem Geschlecht zugeteilt und in das System eingeordnet werden.[35] An dieser Stelle werden einige Beispiele von rechtlichen Regelungen aus der deutschen Geschichte genannt. Der Bayrische Codex von 1756 besagte, dass Mediziner bei nicht eindeutigen Geschlechtsmerkmalen das Geschlecht bestimmen sollten. Wenn diese sich nicht entscheiden konnten, sollte der/ die Betroffene selbst es tun. Laut dem §19 I 1 Preußischen Allgemein Landrecht von 1794 hatten die Eltern die erste Entscheidungsmacht über das Geschlecht des intersexuellen Kindes und sobald die betroffene Person das achtzehnte Lebensjahr vollendete, durfte er/sie das Geschlecht nach §20 I 1 ändern lassen. Im sächsischen Bürgerlichen Gesetzbuch von 1865 wurden nach §46 Satz 2 sogenannte Zwitter dem Geschlecht zugeordnet, welches biologisch überwog. Alle rechtlichen Vorschriften hatten gemeinsam, dass sich irgendwann für eins der zwei Geschlechter entschieden werden musste. 1876 wurde das Personenstandsregister Teil des deutschen Rechts. Der Staat dokumentierte ab diesem Zeitpunkt das Geschlecht eines Bürgers. Eingeschrieben werden konnte nur männlich und weiblich. Zwitter oder Hermaphrodit als Begriff kannte das deutsche Recht nicht. Ein Jahr zuvor wurde bereits festgelegt, dass das Geschlecht im Geburtsregister vermerkt werden muss. War dies auf Grund von nicht eindeutigen Geschlechtsmerkmalen nicht möglich, mussten die Mediziner*innen das Geschlecht festlegen. Bis in das 21. Jhd. war das Geschlecht eines Menschen entscheidend für den Vornamen eines Kindes, denn der Name sollte das Geschlecht preisgeben.[36]

Der gesellschaftliche Umgang ist und war mit der Wahrnehmung und Darstellung von intersexuellen Menschen im Recht und in der Medizin untrennbar verbunden. Die zweigeschlechtliche Ordnung ist in Europa tief verwurzelt. Jedoch gab es schon immer Menschen, die dieser Ordnung auf Grund von körperlichen Merkmalen nicht entsprechen können. Die Gesellschaft war gezwungen, sich dieser Thematik zu stellen. Schon in der Antike wurde dieses Phänomen wahrgenommen. Die Tötung von sogenannten Hermaphroditen wurde hingenommen, um von dem angeblich drohenden Unheil verschont zu bleiben. Intersexuelle wurden schon in dieser Zeit stigmatisiert. Wurde jemand mit dem

---

[35] {Nussberger 2014, 249,ff}

[36] {Deutscher Ethikrat 2012, 117,ff}

Begriff Hermaphrodit belegt, galt dies als eine Beleidigung der Ehre und auch Spott und vielseitige Beleidigungen mussten Betroffene über sich ergehen lassen. Die Diskussion um diese Thematik wurde fast ausnahmslos ohne die Betroffenen selbst geführt. Ausgrenzung und Diskriminierung wurde ignoriert und gesellschaftlich getragen. Allein im medizinischen Kontext hatten intergeschlechtliche Personen über lange Zeit die Möglichkeit, Entscheidungen selbst zu treffen, was ihnen jedoch durch das Baltimorer Konzept endgültig genommen wurde. Ab diesem Zeitpunkt protestierten zum ersten Mal Intersexuelle gegen medizinische Maßnahmen, die sie stark hinterfragten. Auch die Geistes- und Sozialwissenschaften stellten die bisherigen Vorgehensweisen in Frage.[37]

In dem nächsten Kapitel werden die Entwicklungen seit diesen Protesten näher dargestellt und auf aktuelle Tendenzen eingegangen.

2.3.2 Aktuelle Bezüge

Die medizinischen Eingriffe, die ab den 1950er Jahren an intersexuellen Kindern durchgeführt wurden, hatten oftmals negative Folgen. So litten und leiden Betroffene auf Grund der geschlechtsangleichenden Maßnahmen nicht selten an psychischen Problemen und gesundheitlichen Beeinträchtigungen.[38] Dies führte 1990 zu der Gründung der Intersex Society of North America (ISNA). Es handelte sich hierbei um den erstmaligen Zusammenschluss von Intergeschlechtlichen Menschen, die Intersexualität in einer männlich und weiblich geprägten Gesellschaft in der Öffentlichkeit thematisierten. Auf Grund dieser Entwicklung stieg auch die Kritik an dem Umgang mit intersexuellen Menschen in Deutschland. 2004 gründete sich der Verein Intersexueller Menschen. Heute gibt es zahlreiche Organisationen und Selbsthilfegruppen in Deutschland. [39] Einige werden kurz in Kapitel 3.2 vorgestellt.

Trotzdem wandelt sich das Bild von Intersexualität in der Medizin nur langsam. 2005 erschien das Ergebnispapier der Chicago Consensus Conference. Diese sprach die offizielle Empfehlung aus, geschlechtsangleichende Operationen nur

---

[37] {Nussberger 2014, 248,ff}
[38] {Nussberger 2014, 260}
[39] {Bundeszentrale für politische Bildung 01.06.2015}

unter gewissen Bedingungen durchzuführen. Desweiteren sollen Kinder und deren Eltern ausführlich über die körperlichen Besonderheiten aufgeklärt werden. Auf chirurgische Eingriffe im Kindesalter soll wenn möglich verzichtet werden. Dennoch zählt in der Schulmedizin Intersexualität oftmals immer noch als Krankheit und Operationen werden häufig als richtige Behandlung betrachtet. Dass es sich um eine natürliche Variante des biologischen Geschlechts handeln könnte, wird mehrheitlich nicht anerkannt. Es werden auch heute noch medizinische Maßnahmen ergriffen, die aus gesundheitlichen Gründen nicht notwendig wären und einzig der Geschlechtsangleichung dienen. Dazu zählen chirurgische Eingriffe zur Entfernung von funktionsfähigen Keimdrüsen, zur Anpassung der äußeren Geschlechtsorgane und Hormonbehandlungen. Trotz weiterentwickelten medizinischen Verfahren können die Eingriffe negative oder belastende Folgen für die Betroffenen haben, sowohl psychischer als auch körperlicher Art.[40]

Das deutsche Recht kennt weiterhin nur die Zweigeschlechtlichkeit. Der Begriff Intersexualität spielt keine Rolle. Dementsprechend muss laut Passgesetz das Geschlecht in dem Reisepass vermerkt werden und das Lebenspartnerschaftsgesetz kennt ebenfalls nur die Geschlechtskategorien männlich und weiblich. Die §§ 18 ff. des Personenstandsgesetz (PStG) besagen, dass Eltern innerhalb einer Woche dem Standesamt die Geburt eines Kindes mitteilen müssen und laut §21 Abs.1 Nr.3 unteranderem das Geschlecht des Babys anzugeben. Bisher war es nur erlaubt, zwischen männlich oder weiblich zu wählen, je nach biologischen Merkmalen. Das Geschlecht, welches im Geburtsregister eingetragen ist, kann nur mit Hilfe §47 Abs.2 PStG und dem Transsexuellen-Gesetz geändert werden. Erster setzt voraus, dass das Geschlecht zur Geburt falsch bestimmt wurde.[41] Ende Januar 2013 wurde allerdings eine Gesetzesänderung im PStG festgelegt.[42] Seit dem 01.11.2013 besteht laut dem aktualisierten PStG die Möglichkeit, das Geschlecht eines Kindes im Geburtsregister offen zu lassen. Die Voraussetzung für diesen Fall besteht darin, dass das Geschlecht des Kindes nicht eindeutig bestimmt werden kann. Diese Gesetzesänderung wird unterschiedlich betrachtet. Für viele

[40] {Deutscher Ethikrat 2012, 50,ff}
[41] {Intersexualität 2012, 123,ff}
[42] {Barth u.a. 2013, 9}

intergeschlechtliche Menschen ist sie jedoch nur eine erste Maßnahme des Staates, im Prozess der Anerkennung intersexueller Menschen.[43] Diese Gesetzesänderung wurde unteranderem durch die Arbeit und Forschung des Deutschen Ethikrats bewirkt.

Im Jahr 2008 wendete sich der 2004 gegründete Verein Intersexueller Menschen mit einem Bericht über die Lebenslage von Intergeschlechtlichen Menschen in Deutschland an die Vereinten Nationen. Als Reaktion forderte der Ausschuss der UN zur Überwachung des internationalen Abkommens zur Beseitigung jeder Form von Diskriminierung der Frau 2010 die Bundesregierung auf, mit intersexuellen Menschen in Kontakt zu treten und sich für ihre Rechte einzusetzen. Desweiteren sollte die Deutsche Regierung eine Stellungnahme zu der Thematik Intersexualität entwickeln. Bereits im Sommer 2010 führte der Deutsche Ethikrat im Rahmen seiner Arbeit ein Forum zum Thema Intersexualität durch. Im Dezember desselben Jahres erhielt er von den Bundesministerien für Bildung und Forschung und für Gesundheit die offizielle Anordnung den Meinungsaustausch mit intergeschlechtlichen Menschen weiter zu verfolgen und die aufgetragene Stellungnahme zu erarbeiten. Der Dialog wurde auf vielseitige Weise durchgeführt. Es gab eine Umfrage, die 200 betroffene Menschen beantworteten. Im Juni 2011 fand eine öffentliche Anhörung statt und im Internet wurde ein moderierter Online Diskurs angeboten. Zusätzlich wurden Mediziner, Juristen, Psychologen und Philosophen zu Rate gezogen. Die Ergebnisse aus diesen Untersuchungen und Diskussionen gingen in die Stellungnahme des Deutschen Ethikrats ein.[44] Im Februar 2012 wurde die Stellungnahme vorgestellt.[45]

In aktuellen Debatten und Diskussionen taucht des Öfteren der Begriff „Drittes Geschlecht“ auf. Es handelt sich hierbei um einen Ausdruck, der aus der Ethnologie stammt und genutzt wird, um Geschlechtsformen, die weder männlich noch weiblich sind, zu benennen. Die Forderung nach einem Dritten Geschlecht im juristischen Bereich beinhaltet den Wunsch, sich nicht mehr nur zwischen der männlichen und weiblichen Geschlechtseintragung entscheiden zu müssen, sondern eine dritte Variante zur Auswahl zu haben.[46] In einigen Ländern gibt es bereits das dritte Geschlecht im amtlichen Bereich. Unteranderem kann in Indien,

[43] {Änderung Personenstandgesetz | Intersexuelle 01.11.2013}
[44] {Bundeszentrale für politische Bildung 01.06.2015}
[45] {Barth u.a. 2013, 8}
[46] {Kugler u.a. 2012, 88}

Pakistan und Australien neben männlich und weiblich diese dritte Form als Geschlechtseintrag gewählt werden. Auch im gesellschaftlichen Zusammenhang gibt es Länder, die einen anderen Umgang mit der Thematik Geschlecht pflegen. Ein rein zweigeschlechtliches System existiert bei den indigenen Völkern Amerikas bzw. Ozeaniens nicht. Sie lassen viel Freiraum, eine eigene Geschlechtsidentität zu entwickeln. Ein weiteres Beispiel sind die Hijras in Indien. Sie präsentieren sich nach außen als Menschen mit drittem Geschlecht und weiblichen Zügen, sind den biologischen Eigenschaften nach jedoch entweder männlich oder haben nicht eindeutige Geschlechtsmerkmale.[47] In Schweden wurde am 15.04.2015 das Personalpronomen „hen" in das schwedische Wörterbuch aufgenommen. Das Wort bedeutet übersetzt weder er, sie oder es und kann in Kontexten genutzt werden, in denen das Geschlecht keine Rolle spielt bzw. spielen soll oder in denen Menschen sich weder als männlich, noch als weiblich definieren wollen. Aus diesem Grund findet die Einführung des Wortes „hen" Zuspruch bei transsexuellen und intergeschlechtlichen Menschen. Die staatlichen Behörden in Schweden nutzen „hen" bereits bei ihrer Arbeit.[48]

Insgesamt wandelt sich allmählich die Wahrnehmung von Intersexualität in den unterschiedlichen Bereichen, nicht zuletzt dank den Betroffenen Menschen selbst. Dieser Prozess ist jedoch sehr zeitintensiv und bedarf zahlreicher Dialoge und Auseinandersetzungen. In der deutschen Gesellschaft ist die Norm der Zweigeschlechtlichkeit noch fest verankert. Es gibt geschlechtsspezifische Rollenbilder, die sich im Alltag zeigen. Der Umgang mit Menschen, die sich nicht in dieses System einordnen können oder wollen, fällt vielen schwer. Das nächste Kapitel thematisiert, mit welchen Problemstellungen sich Eltern von intergeschlechtlichen Kindern auseinandersetzen müssen. Es werden konkrete psychische und gesellschaftliche Konflikte aufgezeigt und schlussfolgernd Forderungen von intersexuellen Menschen und deren Eltern präsentiert.

[47] {Kugler u.a. 2012, 23}
[48] {Beigang 15.04.2015, 6}

3 Eltern mit intersexuellen Kindern

Wenn ein Kind geboren wird, bedeutet das immer Veränderungen für die Eltern. Dies bringt unterschiedliche Konflikte mit sich, über die sich die Eltern austauschen müssen. In diesem Kapitel liegt der Fokus auf den spezifischen Konfliktthemen von Eltern mit intergeschlechtlichen Kindern. Die alltäglichen Probleme und Aufgaben, die jede Familie auszuhandeln hat, werden in Hinblick auf die zentrale Fragestellung dieser Bachelor-Arbeit nicht näher beleuchtet. Desweiteren wird erklärt, wie es zu diesen Problemlagen kommt und, welche Forderungen demnach von intersexuellen Menschen und deren Eltern gestellt werden.

3.1 Spezifische Problemlagen

Intergeschlechtliche Personen müssen sich auf verschiedenen Ebenen mit Vorurteilen, Zuschreibungen und Diskriminierungen auseinandersetzen. Diese Konflikte prägen auch die Eltern und Familien von intersexuellen Menschen. In Hinsicht auf das Thema dieser Bachelor- Arbeit wird sich vorrangig mit den Problemlagen der Eltern beschäftigt, welche natürlich immer im Zusammenhang mit den Konfliktthemen der intersexuellen Kinder stehen. In den folgenden Abschnitten werden unterschiedliche Bereiche betrachtet, in denen Eltern mit intersexuellen Kindern auf Probleme stoßen bzw. stoßen können. Diese Bereiche sind jedoch nicht unabhängig voneinander zu betrachten, sondern beeinflussen und bedingen sich untereinander. Über psychische Belastungen von Eltern intersexueller Kinder gibt es in der Literatur kaum Aussagen. Für die Erarbeitung dieses Kapitels wurde von daher auch ein Ratgeber für Eltern von transidenten Kindern zur Hilfe genommen. Transidentität bedeutet, dass ein Mensch seine Identität in dem biologisch entgegengesetzten Geschlecht festmacht. Jedoch werden in diesem Ratgeber auch Kinder angesprochen, die ein geschlechtsvariantes Verhalten aufweisen. Das heißt, sie zeigen Verhaltensweisen, die nicht der geschlechtsspezifischen Norm entsprechen.[49] Intersexuelle Kinder, die sich (noch) nicht in einem Geschlecht festgelegt haben, weißen dieses Verhalten auf, da sie sich weder eindeutig männlich noch weiblich

[49] {Brill 2011, 18,f}

präsentieren. Eltern von transidenten Kindern und Eltern mit intersexuellen Kindern haben ähnliche Sorgen und Ängste. Der größte Unterschied, der bei dieser Auseinandersetzung beachtet werden muss, ist, dass Eltern von intersexuellen Kindern meistens von Geburt an erfahren, dass ihr Kind eine körperliche Besonderheit besitzt. Eltern von transidenten Kindern erfahren dies erst im Laufe der Kindheit. Zu Beginn werden gesellschaftliche Gründe für soziale Problemlagen von Eltern mit intergeschlechtlichen Kindern verdeutlicht. Darauf aufbauend wird sich anschließend unteranderem psychischen Kontroversen gewidmet.

3.1.1 Gesellschaftliche Hintergründe

Eltern befinden sich in einem Konflikt zwischen der individuellen Entwicklung ihres intergeschlechtlichen Kindes und geschlechtsspezifischen anerkannten Normen und Werten. Einerseits sollte die Erziehung durch die Eltern den Kindern ermöglichen, eine eigene Identität zu entfalten.[50] Auf der anderen Seite müssen sich Eltern und Kinder tagtäglich mit dem Konzept des binären Geschlechtssystems auseinandersetzen. Der Alltag einer Familie wird geprägt von Rollenbildern, die Männlich- bzw. Weiblichkeit voraussetzen.[51] Eine Erklärung für diese gesellschaftliche Haltung und die daraus folgende Diskriminierung von geschlechtlichen Besonderheiten liefert das Konzept der Heteronormativität. Der Ausdruck stammt aus der Queer Theory.[52]

In einer heteronormativ geprägten Gesellschaft gibt es ausschließlich zwei Geschlechter: Mann und Frau, deren biologisches, psychisches und soziales Geschlecht harmonisiert. Die sexuelle Begierde bezieht sich auf das Gegengeschlecht.[53] Durch Heteronormativität werden Normen und Werte erzeugt, die Individuen in weibliche bzw. männliche Geschlechtsidentitäten zwingen, welche sowohl körperlich als sozial verschieden sind. Menschen, die diese Erwartungen nicht erfüllen, wie Homosexuelle, Transsexuelle oder Intersexuelle, werden ausgegrenzt und diskriminiert oder der Norm angepasst. Ein Beispiel sind die medizinisch nicht notwendigen geschlechtsangleichenden Operationen an

[50] {Breitenbach 2010, 150}
[51] {Micus-Loos 2011, 116}
[52] {Wagenknecht 2007, 18}
[53] {Kugler u.a. 2012, 29}

intersexuellen Menschen. Das Prinzip der Heteronormativität begründet sich aus christlichen Wertevorstellungen, die Mann und Frau und die Ehe zwischen diesen beiden Geschlechtern als gottgewollt und gottgegeben ansehen.[54] Geschlecht wird als natürlich hingenommen und in den Alltag integriert. Aus diesem Grund ist es wider die Natur, wenn Menschen sich nicht dementsprechend verhalten bzw. nicht in dieses System passen.[55] Heteronormativität lässt ein Machtgefälle entstehen, welches sich in allen Bereichen der Gesellschaft wiederspiegelt und letztendlich die Menschen und ihr Handeln prägt.[56] Kinder wachsen demnach in einer Umwelt auf, die durch geschlechtstypische Merkmale gekennzeichnet ist. Durch Schule, Kindergarten, Peergroups und Medien werden typisch männliche und weibliche Rollenbilder und Verhaltensweisen vorgegeben und durch Spielzeuge und Kleidung wird dies unterstützt.[57] Eine weitere zentrale Stütze dieses Systems bildet die Familie, da sie ein fester Bestandteil der Gesellschaft ist. Kinder orientieren sich an ihren Eltern. Sie sind die Bezugspersonen und Vorbilder.[58] Die Eltern ihrerseits erlebten in ihrer Kindheit meist eine geschlechtstypische Erziehung, die sie bis heute in ihrem Handeln und Umgang mit ihren Kindern beeinflusst. Diese übernommenen Verhaltensweisen sind schwer wieder abzulegen und zu verändern, da sie bereits das ganze bisherige Leben bestand hatten.[59] Der Familienalltag wird oftmals intuitiv von den Geschlechtern der einzelnen Familienmitglieder durchdrungen. Die Entwicklung der Identität von Kindern geschieht unter dem Einfluss der eigenen Bedürfnisse und Besonderheiten, so wie durch die Systeme, die das Individuum umgeben.[60] Eltern von intergeschlechtlichen Kindern befinden sich in einem Konflikt zwischen den vorgegeben gesellschaftlichen Normen, der in der Kindheit selbst erfahrene Erziehung und ihrem Kind, welches nicht in die geschlechtstypischen Muster der Gesellschaft passt. Sie müssen sich mit Werten und Rollenbildern beschäftigen und werden dadurch unter Druck gesetzt den gesellschaftlichen Anforderungen zu entsprechen.[61] Gleichzeitig wollen sie ihren Kindern Liebe schenken und die Möglichkeit, sich frei und selbstständig zu entwickeln. Sie sehen sich vor der

---

[54] {Wagenknecht 2007, 17,ff}
[55] {Connell 2013, 21,f}
[56] {Hartmann u.a. 2007, 9}
[57] {Breitenbach 2010, 152}
[58] {Macha 2010, 219,f}
[59] {Connell 2013, 144}
[60] {Macha 2010, 220,ff}
[61] {Intersexualität | Intersexuelle Menschen e.V. 01.05.2015}

Aufgabe, ihr eigenes Handeln zu reflektieren, ihren Kindern eine Erziehung anzubieten, in der sie unterschiedliche geschlechtliche Erfahrungen machen können und nicht die Entwicklung der Identität ihrer Kinder zu blockieren.[62] Eltern mit intersexuellen Kindern werden oft einer strukturellen Diskriminierung ausgesetzt, was heißt, sie werden durch die Gesellschaft auf Grund bestehender Werte und Normen ausgegrenzt und beeinträchtigt.[63] Diese Situation hat entsprechende Auswirkungen auf das Zusammenleben der Familie. Mit welchen Problemen sie sich auseinandersetzen müssen, wird in dem nächsten Abschnitt dargestellt.

3.1.2 Psychische Aspekte

Die erste Frage, die Eltern nach der Geburt eines Kindes gestellt wird, ist oftmals: „Ist es ein Mädchen oder ein Junge?". Ärzte können bei der Geburt eines intersexuellen Kindes auf die Frage keine Antwort geben und die Eltern werden verunsichert. Sie wissen nicht, wie sie mit dem kleinen Menschen umgehen sollen und welchen Namen sie wählen sollen.[64] Mögliche Gefühle und Reaktionen auf die Mitteilung, dass sie ein intergeschlechtliches Kind haben, können Angst, Schreck, Traurigkeit, Unbehagen und Zorn sein. Verstärkt werden diese Reaktionen sicher nicht zuletzt durch die medizinische und rechtliche Sicht auf intersexuelle Menschen. Es ist verwirrend, solche Gefühle gegenüber dem eigenen Kind zu empfinden, denn eigentlich muss es doch bedingungslos geliebt werden. Natürlich reagieren alle Eltern anders, trotzdem müssen sich alle mit der Thematik Intersexualität, Geschlecht und Erziehung auseinandersetzen.[65] Sie müssen lernen, sich ihren Emotionen zu stellen, um ihr Kind annehmen zu können. Sie müssen abwägen, ob sie ihr Kind selbst entscheiden lassen, in welchem Geschlecht es leben will, oder ob sie für das Kind wählen.[66] Es kann passieren, dass Eltern bereits Wünsche und Vorstellungen von ihrer künftigen

---

[62] {Thüringer Bildungsplan für Kinder 2008, 24,f}
[63] {Kugler u.a. 2012, 87}
[64] {www.welt.de Bengsch 19.02.2012 }
[65] {Brill 2011,48,ff }
[66] {Brill 2011, 38}

Familie hatten, die sie nun überarbeiten müssen. Dieser Prozess ist oftmals mit Trauer verbunden.[67]

Eltern, die sich entschließen, ihr Kind in kein Geschlecht zu zwingen, sind mit dem Auftrag konfrontiert, ihre intersexuellen Kinder geschlechtsneutral zu erziehen. Dies stellt keine leichte Aufgabe dar. Sie müssen ihre Kommunikation und Verhaltensweisen beobachten und kritisch reflektieren, um geschlechtszuweisende Handlungen zu vermeiden. Entscheiden sich Eltern dazu, kann dies gerade zu Beginn viel Verzweiflung hervorrufen. Die Eltern entschließen sich für eine Erziehungsform, die nicht der allgemein anerkannten Norm entspricht. Familien, die in ihrem bisherigen Zusammenleben viel Wert auf gesellschaftliche Normen gelegt haben, sind in einem erhöhten Maße beansprucht.[68] Es kann bereits eine Schwierigkeit sein, Spielzeug für die Kinder auszusuchen und das Kinderzimmer einzurichten, ohne dadurch geschlechtszuweisend zu agieren. Später stellt sich für die Eltern unter anderem die Frage, auf welche Toilette sie ihr Kind im Restaurant schicken sollen, wenn es doch nur für männlich oder weiblich ausgeschildert ist.[69]

Sich den gesellschaftlichen Normen zu wiedersetzen, ist oft mit Kummer verbunden. Eltern fürchten sich vor den Reaktionen der Umwelt auf ihr intersexuelles Kind und auf die geschlechtsvariante Erziehung. Dieser gesellschaftliche Druck kann dazu führen, dass Eltern sich nicht trauen zu ihrem Kind zu stehen. Sie haben Angst, um ihr Kind, dass es Opfer von Mobbing und Diskriminierung wird. Eltern können sich hilflos fühlen, weil sie nicht wissen, wie sie ihr Kind bzw. die Besonderheit ihres Kindes in der Öffentlichkeit darstellen sollen. Diese Sorgen können Eltern veranlassen, ihrem Kind ein Geschlecht vorzuschreiben und medizinische geschlechtsangleichende Maßnahmen in Anspruch zu nehmen. Jedoch ist das biologische Geschlecht nur eines von vielen Merkmalen der Identität eines Menschen.

Es kann zu Konflikten zwischen den Elternteilen kommen, wenn Uneinigkeit über den Umgang und die Erziehung von ihrem intergeschlechtlichen Kind herrscht. Die Sorgen, Ängste und Streitigkeiten haben nicht nur Einfluss auf die Elternteile,

[67] {Brill 2011, 58}
[68] {Brill 2011, 37,ff}
[69] {Brill 2011, 106,ff}

sondern wirken sich auf das ganze Familienleben aus. [70] Es ist nicht einfach, sich in diesem Kontext zu einigen und einen gemeinsamen Weg zu finden. An erster Stelle sollte Akzeptanz und Respekt allen Familienmitgliedern gegenüber stehen. Dies erfordert Aushandlungsprozesse.[71] Für Eltern ist es häufig auch schwer, den Verwandten und Freunden mitzuteilen, dass ihr Kind besonders ist. Sie haben auch in diesem Umfeld Angst vor abwertenden Reaktionen, Kritik gegenüber Erziehungsmethoden und Ausgrenzung durch die eigenen Verwandten und Bekannten.[72] Es gibt Situationen, in denen sich Eltern durch fehlende Unterstützung und Abwertung dazu entscheiden, Abstand von vertrauten Personen zu nehmen. Diese Entschlüsse können sehr schmerzhaft sein, da sie mit Trennung verbunden sind. Außerdem kann es mühsam sein, ein neues soziales Netz aufzubauen, in welchem die Familie unterstützt wird und die alle Familienmitglieder schätzen.

Wenn ein intergeschlechtliches Kind Geschwister hat, stehen Eltern vor der Aufgabe, eine Balance im Umgang mit allen Kindern zu finden. Anders würde es zu Konflikten zwischen den Kindern kommen und die Familie zusätzlich belasten. Dies stellt bisweilen eine Herausforderung dar. Schließlich wollen Eltern allen Kindern die gleiche Aufmerksamkeit und Liebe entgegenbringen.[73]

Der gesellschaftliche Umgang mit dem Thema Geschlecht übt Druck auf intersexuelle Kinder aus. Eltern müssen versuchen, diesen Druck auszugleichen und ihre Kinder in ihrer Einzigartigkeit zu bestärken, damit sie zu sich selbst stehen und lernen, mit Ablehnung umzugehen.[74] Eltern haben die Aufgaben, die Grundbedürfnisse ihrer Kinder, wie kognitive Entwicklung, Liebe, Aufmerksamkeit und Schutz zu erfüllen. Dann fällt es Kindern, trotz der möglichen Ablehnung durch die Umwelt, leichter, sich frei zu entfalten.[75] Damit auch Eltern dem gesellschaftlichen Druck standhalten, sollten sie sich Hilfe und Unterstützung suchen und ermöglichen, dass das Kind auch außerhalb der Familie Zuspruch und Bestätigung findet.[76]

---

[70] {Brill 2011, 52,ff}
[71] {Brill 2011, 98,ff}
[72] {Brill 2011, 133,ff}
[73] {Brill 2011, 66}
[74] {Brill 2011, 38}
[75] {Macha 2010, 218}
[76] {Brill 2011, 39}

Deutlich wird, dass Eltern, die ein intergeschlechtliches Kind haben, eine ganze Reihe von Belastungen austarieren müssen. Sie müssen ihren Kindern den nötigen Beistand leisten und ihre eigenen Ängste, Sorgen, Befürchtungen reflektieren.[77] Desweiteren müssen sie sich den vorgegeben gesellschaftlichen Bedingungen stellen und sie kritisch hinterfragen. Es kann durchaus eine Zeit dauern, bis Eltern wissen, was für ihr Kind gut ist, und es Bedarf den Willen der Eltern sich ihren Gefühlen und Anforderungen an das Kind und an sich selbst zu stellen.[78] Inwieweit medizinische und rechtliche Regelungen diesen Prozess erschweren, wird in dem folgenden Punkt beschrieben.

3.1.3 Weitere Konfliktpunkte

Wie bereits in Punkt 2.3.1 erläutert wurde, war es lange Zeit üblich, intersexuelle Kinder gleich nach der Geburt durch medizinische Eingriffe an ein Geschlecht anzugleichen. Auch gab es ab einem gewissen Zeitpunkt eine psychologische Begleitung der Eltern. Diese diente jedoch vor allem dazu, dass Eltern das medizinisch zugeordnete Geschlecht akzeptierten und in ihrer Erziehung bekräftigten.[79] Mittlerweile wird von dieser Verfahrensweise Abstand genommen. Medizinische Eingriffe dürfen nur noch mit Einwilligung der zu behandelnden Person erfolgen. Die Grundlage hierfür bildet der Art.2 Abs.2 Satz 1 des Grundgesetzes (GG), welcher das Recht auf körperliche Unversehrtheit schützt. Jedoch ist diese Einwilligung nur rechtskräftig, wenn die betroffene Person entscheidungsfähig ist. Ein Alter, wann dies der Fall ist, ist durch das Gesetz nicht festgeschrieben. In bestimmten Fällen haben Eltern die Möglichkeit, über geschlechtszuweisende Operationen zu entscheiden. Als Grund wird hier die Psyche des Kindes angeführt, welche angeblich durch ein nicht eindeutiges Geschlecht belastet wird. Durch die Paragraphen 1626, 1627 und 1629 des Bundesgesetzbuches (BGB) wird Eltern eine Vertretungsfunktion zugestanden. Dies soll Kinder zusätzlich schützen. Das heißt: Ärzte*innen, welche Operationen, die der Geschlechtsanpassung vornehmen wollen und bei nicht entscheidungsfähigen Personen unter achtzehn Jahren durchgeführt werden

[77] {Brill 2011, 52}
[78] {Brill 2011, 70,ff}
[79] {Klöppel 2010, 27}

sollen, brauchen eine Zustimmung der Eltern. Die Entscheidung der Eltern soll ausnahmslos am Wohle des Kindes ausgerichtet sein. Bei nicht Einhaltung dieser Vorgaben kann der Staat laut Art.6 Abs.2 Satz 2 GG Interventionsmaßnahmen einleiten. Dadurch werden Eltern von einigen Entscheidungen zwar entbunden, wie der Einwilligungen zu Sterilisation, jedoch gibt es wie bereits erwähnt Situationen, in denen Eltern vor der Entscheidung stehen, ob sie einem chirurgischen Eingriff zustimmen oder nicht.[80]

Die Eltern befinden sich in diesem Moment in einem Zwiespalt. Sie müssen abwägen, ob eine Operation das Kind tatsächlich vor psychischen Belastungen schützt oder ob es die freie Persönlichkeitsentfaltung einschränkt. Der Entschluss für einen chirurgischen Eingriff darf nicht auf den Interessen der Eltern beruhen, die eventuell ein eindeutigen Jungen oder ein eindeutiges Mädchen erziehen wollen und nur ihre eigene Psyche behandeln.[81] Eltern bräuchten in dieser Situation kompetente und ausführliche Beratungen. Sie sind auf Expertenwissen angewiesen, da sie allein gar nicht in Lage sind, die Auswirkungen und Folgen zu realisieren.[82] Das setzt voraus, dass Mediziner*innen umfangreich zu der Thematik Intersexualität ausgebildet sind und nicht ausschließlich eine pathologisierende Sichtweise auf betroffene Menschen haben. Sie müssen nicht nur über Intergeschlechtlichkeit an sich aufklären können, sondern auch über mögliche Aus- und Nebenwirkungen.[83] Eine rein ärztliche Begleitung reicht jedoch nicht aus. Es sollten Berater aus dem therapeutischen Bereich zur Verfügung stehen, die mit verschiedenen Geschlechtsidentitäten vertraut sind und vielfältigen Lebensweisen offen gegenüber sind, so dass Eltern, die sich unsicher im Umgang mit ihren intergeschlechtlichen Kindern sind, kompetente Unterstützung erfahren.[84]

In einigen Fällen sind Eltern dazu gezwungen Operationen zuzustimmen, wenn zum Beispiel die Gefahr besteht, dass das Kind sterben könnte. Hier ist das Wohl des Kindes in Gefahr.[85]

Eltern von intersexuellen Kindern können demnach in die Lage kommen, medizinische Entscheidungen für ihre Kinder zu treffen. Durch mangelnde Aufklärung kann sich dies als äußerst problematisch erweisen und eine hohe

[80] {Deutscher Ethikrat 2012, 147,ff}
[81] {Plett 2003, 33,f}
[82] {Intersexualität | Intersexuelle Menschen e.V. 01.05.2015}
[83] {Deutscher Ethikrat 2012, 159}
[84] {Brill 2011, 44}
[85] {Deutscher Ethikrat 2012, 156}

Belastung für die Familie darstellen. Desweiteren sind diese Entscheidungen im Kontext rechtlicher Vorgaben zu beachten. Diese sind jedoch nicht immer eindeutig festgelegt. Eltern stehen vor der Frage, wann sie das Wohl des Kindes gefährden und wann ihr Kind selbst bestimmen kann, ob es medizinische Behandlungen in Anspruch nehmen möchte. Dies sind unteranderem die Gründe, warum sich Interessensgruppen für die Belange intersexueller Menschen einsetzen und auf unterschiedlichen Ebenen einen Wandel im Umgang mit intergeschlechtlichen Menschen bewirken wollen. Das nächste Kapitel beschäftigt sich mit diesem Schwerpunkt.

3.2 Forderungen intersexueller Menschen

Es gibt eine Vielzahl von Organisationen, Verbänden und Selbsthilfegruppen, die sich für die Interessen von intergeschlechtlichen Menschen einsetzen. An dieser Stelle werden vier Organisationen, die Forderungen intersexueller Menschen vertreten und sich für die Umsetzung dieser einsetzen, kurz vorgestellt, um anschließend auf die Forderungen dieser Organisationen und intersexueller Menschen einzugehen.

OII (Organisation Intersex International) ist ein internationales Netzwerk von intergeschlechtlichen Menschen und deren Eltern, sowie Wissenschaftler*innen und Unterstützer*innen. Die deutsche Vertretung von OII heißt IVIM (Internationale Vereinigung intergeschlechtlicher Menschen) bzw. OII Deutschland. Die Arbeit des Netzwerkes vollzieht sich sowohl deutschlandweit, wie auch auf internationaler Ebene und zeigt sich in politischen Aktivitäten.[86] Der Verein Intersexuelle Menschen e.V., der bereits in Kapitel 2.3.2 angesprochen wurde, setzt sich ebenfalls für die Interessen von Intersexuellen Menschen ein und vernetzt Selbsthilfegruppen in Deutschland, Österreich und der Schweiz. Als aktive Mitglieder zählen Intersexuelle Menschen und als passive Mitglieder Eltern und Angehörige von intersexuellen Menschen.[87] Angebote des Vereins sind unteranderem Selbsthilfegruppen, persönliche Beratung und Onlineberatung. Die Selbsthilfegruppe von Eltern von intergeschlechtlichen Kindern soll im Hinblick auf das Thema dieser Bachelor-Arbeit an dieser Stelle besonders hervorgehoben

[86] {Barth u.a. 2013, 119,f}
[87] {Intersexuelle Menschen e.V./Verein 01.05.2015}

werden. Die Gruppe veranstaltet Treffen für Eltern, um die Möglichkeit zu geben, sich kennen zu lernen, miteinander ins Gespräch zu kommen und sich gegenseitig zu unterstützen.[88] Bei TrIQ (TransInterQueer e.V.) handelt es sich um ein soziales Zentrum und einen Verein, der in den Bereichen der Politik, Kultur und Forschung aktiv ist. Der Verein hat es sich zum Ziel gesetzt, Benachteiligungen von Menschen auf Grund von körperlichen Merkmalen, Identität und sexueller Orientierung entgegenzuwirken. Zwischengeschlecht.org ist ein Verein, der Aufklärungs- und Öffentlichkeitsarbeit zu der Thematik „chirurgische Eingriffe an Genitalien von Kindern mit nicht eindeutig männlichen bzw. weiblichen Geschlechtsmerkmalen“, betreibt.[89]

Organisationen, wie die vorgestellten, kritisieren die Pathologisierung von intergeschlechtlichen Personen und den damit einhergehenden medizinischen Umgang. Medizinische Maßnahmen im Kindes Alter und ohne die Einwilligung des betroffenen Menschen, die gesundheitlich nicht notwendig sind und lediglich der Anpassung an ein Geschlecht dienen, werden als Menschenrechtsverletzung angesehen. Die behandelten Personen leiden oft unter körperlichen Beeinträchtigungen und psychische Traumatisierungen durch derartige Eingriffe. Damit sprechen sich Intergeschlechtliche Organisationen für einen anderen medizinischen Umgang aus.[90] In den Forderungen des IVIM heißt es dazu: „IVIM ist gegen jede Art von Versuchen, Intergeschlechtlichkeit unsichtbar zu machen, einschliesslich [sic!] genitaler Verstümmelungen, Medikalisierung und Normalisierung ohne eine umfassend informierte Einwilligung der betreffenden Person.“[91] Ähnliche Forderungen sind auch bei den anderen Organisationen zu finden. Desweiteren wird die mangelnde und unzureichende Aufklärung von Betroffenen und deren Eltern kritisch hinterfragt. Viele der Intergeschlechtlichen Personen, die mittlerweile erwachsen sind, leiden noch heute darunter, dass ihnen von ihrer Familie verschwiegen wurde, dass sie intersexuell sind. Dies führte zu problematischen Familienverhältnissen und unterband die Möglichkeit, sich mit anderen Betroffenen zu treffen. Daher wird eine neue Aufklärungsmethodik verlangt. Mediziner sollen intergeschlechtliche Menschen und deren Eltern umfangreich über mögliche Behandlungsverfahren informieren. Außerdem soll der

---

[88] {Startseite Eltern| SHG Intersexuelle Menschen 01.05.2015}
[89] {Barth u.a. 2013, 120,f}
[90] {Klöppel 2010, 29,ff}
[91] {IVIM 05.05.2015}

Familie psychologische Beratung zur Verfügung stehen. In diesem Zusammenhang sollen die bestehenden Selbsthilfeangebote erweitert werden und mit Beratungsangeboten vernetzt werden.[92] Die Organisationen setzen sich desweiteren für eine gesellschaftliche und rechtliche Akzeptanz von Intergeschlechtlichkeit ein. So fordert der Verein Intersexuelle Menschen e.V. die „Aufnahme von Intersexualität in die Lehrpläne der Schulen und Berufsbildungen" und die „Einarbeitung des Begriffes ‚Intersexualität' in geltendes Recht".[93] Ein Großteil der Forderungen setzen trotz der unterschiedlichen Organisationen ähnliche und gleiche Schwerpunkte. In Bezug auf politische Maßnahmen und das System der Zweigeschlechtlichkeit gibt es jedoch Uneinigkeit. In einigen Organisationen wird dieses System als ein Grund für die Ungleichbehandlung intersexueller Menschen angesehen und kritisiert, in anderen spielt es überhaupt keine Rolle und wird als gegeben hingenommen. Insgesamt kämpfen alle Organisationen um die Durchsetzung der Menschenrechte für intersexuelle Menschen. So soll die Würde der intergeschlechtlichen Personen geschützt werden und die Rechte auf körperliche Unversehrtheit und Selbstbestimmung gewahrt werden.[94]

Anhand dieser Kapitel wird deutlich, dass intersexuelle Menschen und deren Eltern auf verschiedenen Ebenen eine Ungleichbehandlung erfahren und mit welchen Problematiken sie sich auseinandersetzen müssen. Desweiteren zeigt sich der enorme gesellschaftliche Einfluss auf die Lebenswelten von Individuen. Das nächste Kapitel zeigt auf, in wie weit die Soziale Arbeit auf diese Diskriminierungen reagieren kann und auf welche Weise sie Eltern im Umgang mit ihren intergeschlechtlichen Kindern unterstützen kann. Zu Anfang stehen theoretische Überlegungen zu der Geschlechterthematik im Mittelpunkt. Darauf aufbauend werden unterschiedliche Möglichkeiten der Interventionen für Familien mit intersexuellen Kindern dargestellt und die dafür benötigten Kompetenzen der Sozialarbeiter*innen aufgezeigt.

---

[92] {Klöppel 2010, 27,ff}
[93] {Forderungen | Intersexuelle Menschen e.V. 01.05.2015}
[94] {Klöppel 2010, 32,f}

4 Bedeutung von Intersexualität in der Sozialen Arbeit

Gegenstand der Sozialen Arbeit sind Soziale Problemlagen von Menschen und die damit verbundene Aufgabe diese zu analysieren und zu bearbeiten. Sie untersucht die Gründe sozialer Ungerechtigkeit, sozialer Unterdrückung und Herrschafts- und Gewaltverhältnisse. Die Soziale Arbeit bietet Interventionen und Unterstützungsmodelle an, die auf der Grundlage der Lebenswirklichkeiten und Bedarfe der Adressat*innen entwickelt werden.[95] Intersexuelle Menschen und deren Eltern können sich auf Grund von Diskriminierung und Ausgrenzung in solchen Problemlagen befinden und Opfer von sozialer Ungerechtigkeit werden. Jeder Mensch hat jedoch ein Recht auf individuelle Entwicklung, Individualität und demnach auch auf ein „Anders-sein". In der Sozialen Arbeit sollte jedes Individuum in seiner Einzigartigkeit annehmen und unterstützen.[96] Heterogenität, Vielfalt und Geschlecht sind von daher wichtige Grundbegriffe der Sozialen Arbeit, die es zu verstehen und untersuchen gilt. Auf den folgenden Seiten werden gendertheoretische Aspekte erläutert und praktische Schlussfolgerungen für die Arbeit mit Familien mit intergeschlechtlichen Kindern gezogen.

4.1 Theoretische Grundlagen

Die Soziale Arbeit steht schon immer in Verbindung mit Geschlechterverhältnissen. Daher ist eine wesentliche Aufgabe von Sozialer Arbeit sich mit der Konstruktion Geschlecht auseinanderzusetzen. Diese Beschäftigung sollte nicht unabhängig der Beachtung von gesellschaftlichen Entwicklungen und ständiger Veränderung erfolgen.[97]

Seit der zweiten Frauenbewegung, die zu Beginn der 1970er Jahre stattfand, wurden verstärkt feministische Theorien entwickelt.[98] Diese Entwicklungen führten auch dazu, dass die Soziale Arbeit sich seit dem zunehmend mit Gendertheorien befasste. In zahlreichen Publikationen über oder in Bezug auf die Soziale Arbeit finden sich Arbeiten zum Thema Geschlecht, Geschlechtsverhältnisse oder Gender. So entstanden in den 1980er Jahren zahlreiche Einrichtungen und Angebote, die sich geschlechterbedingten Ungerechtigkeiten widmeten und zu

---

95 {Uhlendorff u.a. 2013, 13}
96 {Breitenbach 2010, 154,f}
97 {Ehlert u.a. 2011, 11}
98 {Micus-Loos 2013, 179}

bearbeiten versuchten. Heute ist die Thematik Gender nicht mehr aus der Sozialen Arbeit weg zu denken. Da geschlechterspezifische Rollen und Normen immer noch Bestand haben und hierarchische Beziehungen über die Geschlechter der Menschen konstruiert werden, nutzt die Soziale Arbeit Gendertheorie, um Geschlechterverhältnisse zu untersuchen und der Entstehung von geschlechtlicher Identität auf den Grund zu gehen. [99] Wie bereits mehrfach festgestellt wurde, befinden sich intergeschlechtliche Menschen ebenfalls in diesem System der Geschlechtlichkeit. Zur Überlegung von Maßnahmen zur Unterstützung von Eltern intersexueller Kinder ist es hilfreich Gendertheorien näher zu betrachten. Das nächste Kapitel gibt einen Einblick zu gendertheoretischen Überlegungen und betrachtet vertiefend das Diversitykonzept.

4.1.1 Gendertheorien

In der Sozialen Arbeit wird nicht nur eine Gendertheorie diskutiert und als die Wahre angesehen. Es gibt zahlreiche Ansätze und Überlegungen zu der Thematik Geschlecht. Eine reflektierte Auseinandersetzung mit diesen kann dazu verhelfen die Verschiedenheit von Geschlecht zu verstehen und Möglichkeiten aufzeigen, wie mit dieser Unterschiedlichkeit umgegangen werden kann und welche Folgen daraus resultieren können.[100] Beschäftigen sich Ansätze eher mit der Konstruktion von geschlechtsbezogenen Macht- und Ungleichverhältnissen und stellen gesellschaftliche Zusammenhänge in den Vordergrund, so werden sie als makrosoziologische Gendertheorien bezeichnet. Wenn hingegen die Herstellung von geschlechtlichen Abwertungen auf individueller Ebene und in Bezug auf die Geschlechtsidentität im Mittelpunkt der gendertheoretischen Überlegungen steht, handelt es sich um mikrotheoretische Überlegungen.[101]
In gendertheoretische Ansätze fließen Überlegungen unterschiedlicher wissenschaftlicher Disziplinen ein. Jurist*innen, Mediziner*innen, Philosoph*innen, Psycholog*innen und Erziehungswissenschaftler*innen haben alle eine eigene Sicht auf die Geschlechterfrage. Eine Auseinandersetzung mit der Konstruktion

[99] {Plößer u.a. 2013, 7,f}
[100] {Plößer 2013, 200}
[101] {Plößer u.a. 2013, 9}

Geschlecht verlangt die Einbeziehung verschiedener Perspektiven. Zusätzlich müssen theoretische Überlegungen in historische und gesellschaftliche Kontexte eingebettet werden.

Großen Einfluss auf die gendertheoretischen Aspekte der Sozialen Arbeit hatten soziologische Theorien. Die Ansichten von George H. Mead und Talcott Parsons, die beide Soziologen waren, werden bis heute zum Verständnis von Rollenverhalten genutzt und auf geschlechtliche Rollenmuster übertragen, da die Rollentheoretiker selbst die Geschlechterthematik nicht in den Fokus ihrer Überlegungen stellten. Die Rollentheorie geht davon aus, dass Menschen sich in unterschiedlichen gesellschaftlichen Kontexten, sogenannten Subsystemen bewegen, in denen sie verschiedene Erwartungen zu erfüllen haben, welche sich auf ihr Handeln und Verhalten beziehen. Ein Subsystem kann zum Beispiel der Kindergaten, die Universität oder die Arbeitsstelle sein. Werden die vorgegeben Rollen von den Individuen nicht übernommen, wirkt sich das destruktiv auf das gesellschaftliche Gesamtsystem aus. Die Rolle einer Person bestimmt demnach nicht das Individuum allein, sondern wird durch die Anforderungen und Erwartungen der Subsysteme beeinflusst. Der Soziologe Erving Goffman beschäftigte sich im Rahmen der Interaktionsordnung auch mit der Geschlechterfrage. Auf der Annahme basierend, das gesellschaftliche Strukturen auf Interaktionen zwischen Individuen basieren und in ihnen deutlich werden, geht er davon aus, dass das Geschlecht auf die gleiche Weise hergestellt wird. Daraus schlussfolgert er, dass das Geschlecht keine festgeschriebene Größe ist, sondern im Kontext der Gesellschaft hergestellt wird und die auch verändert werden kann. Diese Herstellung beruht auf Zuschreibungen, Erwartungen, Kommunikation und Interaktion. Geschlecht ist für ihn eher eine Art Code, den es zu verstehen gilt.[102]

Als psychologisches Konzept können die Psychoanalyse und Erkenntnisse von Siegmund Freud nützliche Zusammenhänge für gendertheoretische Überlegungen liefern, da hier sowohl emotionale und als auch bindungstheoretische Aspekte in den Blick genommen werden. Es werden Beziehungen zwischen Individuen und emotionale Bindungen untersucht. Das Geschlecht und Sexualität sind maßgebliche Bestandteile dieser Analyse.[103] Die Ansätze der Psychoanalyse wurden und werden nicht unkritisch betrachtet und das hat auch seine

[102] {Rendtorff 2006, 82,ff }
[103] {Rendtorff 2006, 96}

Berechtigung. Jedoch bildet die Psychoanalyse eine Grundlage, die zur Untersuchung von Identitätsbildung und Beziehungsaufbau genutzt werden kann und schließlich auch zur Geschlechtskonstruktion einen wertvollen Beitrag leisten kann.[104]

Eine Person, welche in aktuellen gendertheoretischen Auseinandersetzungen immer wieder benannt wird, ist Judith Butler. Sie ist Gendertheoretikerin, Philosophin und eine der populärsten Vertreterin der dekonstruktiven Gendertheorie. Auch sie versucht die Konstruktion „Geschlecht" zu entschlüsseln. Aus ihrer Sicht sollen gesellschaftliche Rollenbilder in ihrer Entstehung analysiert werden, um sie anschließend kritisch zu hinterfragen. In ihrer Theorie stellt J. Butler fest, dass sich Individuen über sprachliche Zuschreibungen und vorgegebene Werte selbst identifizieren. Die Orientierung an gesellschaftlichen Normen stellt eine Art Zwang dar, dem Menschen unterworfen sind. Individuen, die diese gesellschaftlichen Vorgaben nicht annehmen, werden ausgegrenzt. Die gesellschaftliche Ordnung baut sich auf dem binären Geschlechtssystem und Heterosexualität auf. Die Mitglieder der Gesellschaft müssen sich in diese eingliedern. Es geht demzufolge auch um Machtverhältnisse, die sich unteranderem bei der Konstruktion von Geschlecht aufzeigen. Die zentralen Elemente dieser Gendertheorie bilden die Diskriminierungen von Differenzen.[105]
Für J. Butler stellt Heteronormativität ein Machtsystem dar, welches sexuelle und geschlechtliche Abweichungen ablehnt und ausschließt.[106]

In den Gendertheorien herrscht weitestgehend Einigkeit über den Fakt, dass das Geschlecht nicht von Natur aus vorgegeben ist.[107] Konzeptbeispiele, die aus gendertheoretischen Überlegungen entstanden sind, sind „Doing Gender" und „Gendermainstreaming". Der letztgenannte Ansatz ist seit 1997 für Deutschland auf Grund des Amsterdamer Vertrages bindend. Es handelt sich hierbei, um ein gesamteuropäisches Konzept, welches die Geschlechterpolitik im Fokus hat. Es sollen Ungerechtigkeiten zwischen dem weiblichen und männlichen Geschlecht abgebaut werden und eine Gleichstellung von Mann und Frau bewirkt werden.[108]

---

[104] {Connell 2013, 137}
[105] {Plößer 2013, 200,ff}
[106] {Klöppel 2010, 53}
[107] {Breitenbach 2010,152,f}
[108] {Westphal 2010, 191}

„Doing Gender" ist ein Konzept, welches die Entstehung von Differenzen auf Grundlage von sozialen Verhalten in den Blick nimmt. Geschlechtliche Identität gilt auch in dieser Überlegung als nicht von der Natur festgelegt, sondern wird durch die soziale Umwelt tagtäglich hergestellt.[109] Das „Doing Gender" Konzept setzt sich für die Trennung zwischen biologischen und sozialen Geschlecht ein, denn die Identität des Menschen bildet sich nicht nur aus den biologischen Geschlechtsmerkmalen.[110]

Ein Konzept, welches Vielfalt in das Zentrum von theoretischen Überlegungen stellt, ist Diversity. Auf Grund der weiten Verbreitung dieses Konzepts und der großen Popularität wird es in dem nachstehenden Abschnitt näher erläutert.

4.1.2 Diversity

Der Begriff Diversity entstand in den USA. Das Konzept sollte Formen von Diskriminierung in Unternehmen entgegenwirken. Das ursprüngliche Konzept stammt demnach aus dem Bereich der Wirtschaft. Auf Grund von Emanzipationsbewegungen der Nachkriegszeit, allen voran die „schwarze Emanzipationsbewegung", fand der Diversitybegriff auch im sozialen Kontext Beachtung.[111] In diesem Kontext befasst sich das Diversitykonzept mit Antidiskriminierungsstrategien. In deutschen Unternehmen entwickelte sich das Diversity-Management in den 1990er Jahren. Es wurde hauptsächlich als Beobachtungsinstrument auf Organisationsentwicklungsstrategien angewendet. Mittlerweile wird Diversity in unterschiedlichsten Bereichen aufgegriffen. Daher gibt es verschiedene Auslegungen und Ansätze des Diversitykonzepts. Jedoch beschäftigen sich alle mit Differenzen in der Gesellschaft. Diese gilt es anzuerkennen und als Potential, nicht als Schwäche zu sehen.[112] Wörtlich übersetzt bedeutet Diversity Vielfalt, was nicht gleichzusetzen ist mit Unterschiedlichkeit. Diese dient nämlich lediglich dazu etwas voneinander zu trennen. Im Modell der Vielfalt existieren zwar auch Unterschiede, allerdings gibt es ebenso Verbindungen, Anknüpfungspunkte und Gemeinsamkeiten, die miteinander in einen Zusammenhang gebracht werden, sodass eine Gesamtheit

[109] {Gildemeister 2011, 95}
[110] {Graf 2012, 119}
[111] {Salzbrunn 2014, S.28}
[112] {Emmerich u.a. 2013,183,ff}

entsteht.[113] Zusätzlich zu der Vielfalt werden in Diversityansätzen Strukturen von Machtkonstruktionen einbezogen. In der Sozialwissenschaft werden im Rahmen von Diversitydiskursen Differenzkategorien in Verbindung mit gesellschaftlichen Prozessen und Strukturen gebracht. [114]Das Diversitykonzept in der Sozialen Arbeit nimmt Bezug auf strukturelle Aspekte, wie Alter und Geschlecht. Zum anderen beinhaltet es Orientierungen, wie ethnische Zugehörigkeit und sexuelle Ausrichtungen. Diese Kategorien werden zu der Erforschung von Diskriminierungsvorgängen genutzt und sollen nicht die Gruppenzugehörigkeit eines Individuums in den Vordergrund stellen. Der Mensch in seiner Einzigartigkeit steht im Mittelpunkt. Antidiskriminierung und Menschenrechtsorientierung sind wichtige Ziele in Diversityansätzen.[115] Das Diversitykonzept kann auch eine Anwendung in der Auseinandersetzung mit Genderthematiken finden. Wie in den letzten Kapiteln bereits festgestellt wurde, besteht auf Grund von Geschlechterverhältnissen Diskriminierungen in unterschiedlichen Bereichen. Diversityansätze verlangen in Bezug auf die Thematik Geschlecht, dass Sozialarbeiter*innen gesellschaftliche Ordnungen kritisch hinterfragen, Diskriminierungen auf Grund von geschlechtlichen Merkmalen thematisieren und im Rahmen ihrer Arbeit entgegentreten.[116]

Welche Anforderungen und Voraussetzungen für die Soziale Arbeit mit dieser Aufgabe verbunden sind und was dies für die praktische Arbeit mit Eltern von intersexuellen Kindern bedeutet, wird in dem folgenden Kapitel untersucht.

4.2 Möglichkeiten der Begleitung von Eltern intersexueller Kinder durch die Soziale Arbeit

Anhand der gendertheoretischen Überlegungen wird deutlich, dass es der Auftrag der Sozialen Arbeit ist, Individuen, die nicht in die geschlechterspezifischen Normen der Gesellschaft passen, zu unterstützen. Desweiteren muss die Soziale Arbeit Strategien entwickeln, die die Ausgrenzung von Menschen auf Grund gesellschaftlicher Wertevorstellungen abbauen. Die Soziale Arbeit muss Räume

[113] {Leenen u.a. 2006, 45}
[114] {Senel 2011, 94}
[115] {Emmerich u.a. 2013, 199,f}
[116] {Haeger u.a. 2013, 99,ff}

ermöglichen, in denen Menschen über erfahrene Diskriminierung und Abwertung sprechen können.[117]

Das bedeutet, dass Menschen und vor allem auch Kinder, die intergeschlechtlich sind, durch die Soziale Arbeit in ihrer besonderen Lebenswelt, geschützt werden. Um dies zu ermöglichen Bedarf es ebenfalls einer Förderung der Eltern, da sie die wichtigsten Bezugspersonen für ihre Kinder darstellen und direkten Einfluss auf die Kinder, ihre Identität und ihr Selbstbewusstsein nehmen.[118] Das SGB VIII liefert den gesetzlichen Auftrag für die Soziale Arbeit. Es beinhaltet das verhindern von Kindeswohlgefährdung und die Unterstützung der freien Entfaltung der Heranwachsenden.[119] Damit die Soziale Arbeit Eltern mit intergeschlechtlichen Kindern diese Unterstützung leisten kann, bedarf es einiger Voraussetzungen. Sozialarbeiter*innen brauchen spezifische Kompetenzen. Es ist unabdingbar, das Mitarbeiter*innen in pädagogischen Einrichtungen ein ausführliches Wissen über geschlechtsbezogene Themen besitzen. Sie müssen geschlechtsbezogene Ungleichheiten und Konstruktionen beobachten und hinterfragen.[120] Fachkräfte sollten ein umfangreiches Fachwissen über die Lebenslage von intersexuellen Menschen besitzen. Dies beinhaltet gesellschaftliche, rechtliche und medizinische Aspekte. Geschlechtlicher Vielfalt sollte offen entgegentreten werden. Eine ablehnende und abwertende Haltung der Sozialarbeiter*innen kann einen negativen Einfluss auf die psychosoziale Situation der Adressat*innen haben.[121] Fachkräfte können auf unterschiedliche Weise Individuen in Hinsicht auf ihre geschlechtliche Identität beeinflussen und einschränken. Durch geschlechtsbezogene Bemerkungen kann eine systematische Beeinflussung auf Individuen erfolgen. Ein bewusster Umgang mit Sprache kann dies verhindern. Ein noch größerer Einfluss entsteht durch die Organisation der Umwelt, sowohl auf sozialer, als auch auf gegenständlicher Ebene. Zu finden ist dies oft in Arbeitsfeldern der Arbeit mit Kindern- und Jugendlichen, bei zum Beispiel der Zuteilung von Farben oder Spielzeugen. Ein Junge bekommt das Auto und ein Mädchen eine Puppe. Für einen nicht geschlechtstypisierenden Umgang mit Adressat*innen ist Selbstreflektion auf das eigene Verhalten und Handeln

---

[117] {Macha 2010, 207,ff}
[118] {Brill 2011, 64}
[119] {Kugler u.a. 2012,9,f}
[120] {Micus-Loos 2013, 181}
[121] {Kugler u.a. 2012, 59,ff}

unverzichtbar.[122] Sozialarbeiter*innen müssen eigene Stereotype und Vorurteile überdenken und die Individualität eines jeden Menschen im Blick haben. Eltern von intersexuellen Kindern haben unterschiedliche Bedürfnisse und Ansichten und auch intersexuelle Menschen sind nicht alle gleich. Jeder Mensch hat eine eigene Persönlichkeit. Sozialarbeiter*innen müssen in ihrer Haltung vermitteln, dass Intersexualität etwas Normales ist und keine Abartigkeit darstellt. Sie sollten bei und mit den Eltern positive Zeichen setzen und eine Vertrauensbasis herstellen. Eltern sollten animiert werden aus eigener Kraft und mit den eigenen Ressourcen zu handeln. Sie dürfen zu nichts gezwungen werden. In pädagogischen Einrichtungen sollte Diskriminierung beobachtet und entgegengearbeitet werden. Abwertungen auf Grund des Geschlechts sollten unterbunden werden.[123]

In Richtlinien, bei der Öffentlichkeitsarbeit und in der Konzeption sollte eine gendergerechte Sprache verwendet werden, die nicht allein Männer und Frauen anspricht. Es sollten regelmäßige Weiter- und Fortbildungen zu Themen wie geschlechtliche und sexuelle Vielfalt angeboten und angenommen werden. Die Räumlichkeiten der sozialpädagogischen Angebote sollten auf die Bedürfnisse der Adressat*innen ausgerichtet sein und Sicherheit vermitteln und das Ziel der Angebote unterstützen. Eine Unisex Toilette könnte in Betracht gezogen werden. Sozialerbeiter*innen sollten mit Schulen und Kindergärten zusammenarbeiten.[124] Intersexualität als Thematik sollte innerhalb der pädagogischen Arbeit aufgegriffen werden, um auch bei Menschen, die nicht mit dieser Besonderheit vertraut sind, zu sensibilisieren. Zu diesem Zweck können Materialien und Informationsblätter ausgelegt werden. Zusätzlich kann bei der Auswahl von Plakaten, Büchern und ähnlichem auf geschlechtliche Vielfalt geachtet werden. Angebote sollten antidiskriminierend und auf das Diversitykonzept ausgerichtet sein und die Konzeptionen von Einrichtungen sollten dies aufgreifen und beinhalten. Die Projekte der Sozialen Arbeit sollten sich untereinander und mit Organisationen Intersexueller Menschen vernetzten, um Adressat*innen vielfältige Anregungen zum Austausch und zur Unterstützung aufzeigen.[125]

Diese Voraussetzungen ermöglichen einen feinfühligen Umgang mit intersexuellen Kindern und deren Familie und geben die Möglichkeit gesellschaftliche Normen in

---

[122] {Rendtorff 2006, 195,ff}
[123] {Kugler u.a. 2012, 113,ff}
[124] {Brill 2011, 166,ff}
[125] {Kugler April 2012, 115,ff}

den Einrichtungen zu durchbrechen. Ein explizites Handlungsfeld, welches sich der Unterstützung von Eltern intergeschlechtlicher Kinder widmen kann, ist die Soziale Arbeit mit Familien. Im Rahmen dieses Bereiches werden soziale Probleme bearbeitet, die Bildung und Erziehung betreffen.[126] In der Familienhilfe sind gesellschaftliche Geschlechterkonstruktionen zentrale Elemente. Für die Fachkräfte dieses Bereichs stellt sich die Frage, wie Kinder überhaupt Geschlechtsidentität entwickeln. Außerdem wird analysiert in wie weit die gesellschaftlichen Anforderungen das Zusammenleben einer Familie bestimmen und ob Beziehungen zwischen den Familienmitgliedern davon beeinflusst werden. Familienhilfe soll bei Konflikten und Diskriminierungen der Familie begleitend zur Seite stehen. Die in Kapitel 3.1 angesprochenen Problemlagen können dazu führen, dass Familien mit intergeschlechtlichen Kindern genau in diese Situation geraten und eine Unterstützung durch die Soziale Arbeit hilfreich wäre.[127] Die rechtliche Grundlage für die Arbeit mit Familien findet sich Art.6 Abs.1 und Abs.2 des Grundgesetz: „(1)Ehe und Familie stehen unter dem besonderen Schutze der staatlichen Ordnung. (2) Pflege und Erziehung der Kinder sind das natürliche Recht der Eltern und die zuvörderst ihnen obliegende Pflicht. Über ihre Betätigung wacht die staatliche Gemeinschaft." Konkretisiert ist diese Aussage im SGB VIII §1 Abs.1 und Abs.3: „(1) Jeder junge Mensch hat ein Recht auf Förderung seiner Entwicklung und auf Erziehung zu einer eigenverantwortlichen und gemeinschaftsfähigen Persönlichkeit. [...] (3) Jugendhilfe soll zu der Verwirklichung des Rechts nach Absatz 1 insbesondere

1. Junge Menschen in ihrer individuellen und sozialen Entwicklung fördern und dazu beitragen Benachteiligungen zu vermeiden oder abzubauen,
2. Eltern und andere Erziehungsberechtigte bei der Erziehung beraten und unterstützen,
3. Kinder und Jugendliche vor Gefahren für ihr Wohl schützen,
4. dazu beitragen, positive Lebensbedingungen für junge Menschen und ihre Familien, sowie eine kinder- und familienfreundliche Umwelt zu erhalten oder schaffen."

Grundsätzlich sind alle Angebote der Kinder- und Jugendarbeit auf Familien abgestimmt. Sie sollen ihrer Aufgabe nach Erziehungspflichten der Eltern

[126] {Uhlendorff u.a. 2013, 13}
[127] {Rohleder 2006, 291,ff}

ergänzend unterstützen und im Notfall Elternpflichten gänzlich übernehmen. Die konkrete Arbeit mit Familien, in der der Fokus auf Elternarbeit liegt und keine Nebenrolle darstellt, ist im SGB VIII in den Paragraphen 17-19 und 28, 30, 31, 32 geregelt. Daraus ergeben sich unterschiedliche Handlungsfelder, die auch Eltern von intergeschlechtlichen Kindern unterstützen könnten.[128]

So gibt es Erziehungs- und Familienberatungsstellen, in denen Sozialarbeiter*innen Eltern unteranderem in Hinblick auf Aufgaben in der Erziehung und Streitigkeiten im Familienleben Beratung anbieten. In Beratungsangeboten von freien Trägern arbeiten oftmals Experten unterschiedlicher Fachrichtungen zusammen und können eine interdisziplinäre Unterstützung anbieten. Desweiteren gibt es für Familien die Möglichkeit Familienbildungsstätten aufzusuchen. Hier werden spezifische Gruppen- und Themenangebote gemacht, die ein bildungsorientiertes Ziel verfolgen. Ein weiteres Beispiel für konkrete Einrichtungen der Familienhilfe sind die Familienzentren. Diese legen ihr Hauptaugenmerk auf die Unterstützung der Eltern bei der frühkindlichen Entwicklung.[129]

Es gibt einige Möglichkeiten, auf welche Weise die Soziale Arbeit Eltern mit intergeschlechtlichen Kindern begleiten und unterstützen kann. Zum einen können Einrichtungen der Kinder- und Jugendhilfe einen Ort darstellen, in denen die Kinder so sein dürfen, wie sie sind und gleichzeitig vor Diskriminierung geschützt werden. Die Soziale Arbeit kann dazu beitragen, dass das Recht der freien Persönlichkeitsentwicklung für alle Menschen gleichermaßen gilt. Damit können Projekte der Sozialen Arbeit eine zusätzliche Stütze für Eltern sein, die hilft den Druck der Gesellschaft auszuhalten.[130] Im Rahmen sozialpädagogischer Angebote können Räume bereitgestellt werden, in denen Kinder außerhalb der Familie geschlechtsunabhängige Erfahrungen machen können und so in ihrer Identitätsbildung weder eingeschränkt noch behindert werden.[131] Die Soziale Arbeit kann in Beratungssettings und Projekten Eltern Möglichkeiten für eine geschlechtsneutrale Erziehung liefern und gleichzeitig auf Gefahren von geschlechtszuweisenden Zwängen hinweisen. So kann die Soziale Arbeit dazu beitragen, dass für intergeschlechtliche Kinder Bedingungen geschaffen werden,

---

[128] {Uhlendorff u.a. 2013, 103,ff}
[129] {Uhlendorff u.a. 2013, 129,ff}
[130] {Brill 2011, S.39}
[131] {Thüringer Ministerium für Bildung, Wissenschaft und Kultur 2008, 25}

in denen sie ihre persönlichen Interessen und Stärken entwickeln und ausleben können und das Geschlecht nicht im Fokus steht.[132] Sozialarbeiter*innen können gemeinsam mit Eltern Erziehungsstrategien erarbeiten, die das Kind stärkt und Ablehnungen durch andere entgegenwirkt.[133] Durch gute Netzwerkarbeit können Fachkräfte sozialpädagogischer Einrichtungen an Selbsthilfegruppen weitervermitteln und so den Austausch von Personen mit ähnlichen Problemlagen und Belange ermöglichen.

Eltern mit intersexuellen Kindern können auf Unterstützung angewiesen sein. Die Soziale Arbeit sollte in Hinsicht auf ihren Auftrag einen Beitrag zum Schutz der intergeschlechtlichen Kinder leisten und den Eltern in Konflikt Situationen zur Seite stehen.

In dem letzten Kapitel werden die wichtigsten Erkenntnisse dieser Bachelorarbeit zusammengefasst und ein Resümee gezogen.

---

[132] {Breitenbach 2010,142}
[133] {Brill 2011, 86}

5 Fazit

Intergeschlechtliche Menschen stellen in dieser Gesellschaft eine Besonderheit dar. Im medizinischen Kontext wird Intersexualität als Krankheit definiert und das Gesetz kennt in diesem Zusammenhang nur die Geschlechter Mann und Frau. Auf Grund bestehender Werte und Normen werden sie in ihrer Individualität nicht anerkannt. Medizinische und Rechtliche Rahmenbedingungen schränken die freie Entfaltung ihrer Persönlichkeit ein. Seit einigen Jahren vollzieht sich ein Perspektivwechsel innerhalb dieser Thematik. Medizinische Ansichten werden in Frage gestellt und auch rechtliche Aspekte werden überarbeitet. Trotzdem fühlen sich intersexuelle Menschen auf vielen Gebieten weiterhin benachteiligt.

Geschlechtliche Identität beinhaltet mehr als nur biologische Merkmale. Es entsteht aus gesellschaftlichen Zuschreibungen und der eigenen Wahrnehmung.

Es fehlt eine gesellschaftspolitische Auseinandersetzung mit Intersexualität und geschlechtlicher Vielfalt. Es sollte eine ausführlichere Aufklärungsarbeit geleistet werde, damit sich der gesellschaftliche Blick wandelt. Die Soziale Arbeit kann diesen Prozess unterstützen. Sie kann auf gesellschaftspolitischer Ebene Einfluss nehmen und durch Angebote über geschlechtliche Vielfalt aufklären. Mit ihrer Hilfe können Vorurteilen und sozialer Ungerechtigkeit entgegengewirkt werden.

Intergeschlechtliche Kinder müssen besser in die Gesellschaft integriert werden und ihr Recht auf körperliche Unversehrtheit muss ernst genommen werden. Sie sollten die Möglichkeit erhalten, selbst zu entscheiden, ob sie medizinische Maßnahmen zu kosmetischen Zwecken in Anspruch nehmen wollen.

Eltern dürfen nicht unter Druck gesetzt werden, solche Entscheidungen in Vertretung für ihre Kinder zu treffen. Sie müssen über die Besonderheit ihrer Kinder ausführlich in Kenntnis gesetzt werden und von Beginn an Unterstützung erhalten.

In Bezug auf die zentrale Fragestellung dieser Arbeit kann festgestellt werden, dass Eltern intergeschlechtlicher Kinder auf Grund des binären Geschlechtssystems in spezifische Problemlagen kommen können und damit umgehen lernen müssen. Entsprechende Angebote der Sozialen Arbeit würden den Alltag dieser Familien erleichtern. Auf Grund ihres staatlichen Auftrags und spezifischer Methoden und interdisziplinärer Wissensbestände hat die Soziale Arbeit vielerlei Möglichkeiten, angefangen mit der individuellen Erstberatung bis hin zu Projekten in Familienzentren, Betroffene zu unterstützen und Diskriminierungen vorzubeugen.

Jedes Kind, egal welche biologischen Voraussetzungen es mitbringt, hat ein Recht darauf sich frei und individuell zu entwickeln ohne dass es durch gesellschaftliche Zuschreibungen und Rollenbilder eingeschränkt wird. Es verdient die Liebe und Anerkennung der Eltern, unabhängig von jeglichen gesellschaftlichen Idealen.

Quellenverzeichnis

Änderung Personenstandgesetz 01.11.2013 | Intersexuelle Menschen e.V. Online verfügbar unter http://www.intersexuelle-menschen.net/aktivitaeten/2013_11_01_personenstandgesetz_intersex.php, zuletzt geprüft am 28.05.2015.

Forderungen | Intersexuelle Menschen e.V. Online verfügbar unter http://www.intersexuelle-menschen.net/forderungen/, zuletzt geprüft am 01.05.2015.

Intersexualität | Intersexuelle Menschen e.V. Online verfügbar unter http://www.intersexuelle-menschen.net/intersexualitaet/, zuletzt geprüft am 01.05.2015.

Intersexuelle Menschen e.V. | SHG Intersexuelle Menschen Eltern. Online verfügbar unter http://eltern.shg.intersexuelle-menschen.net/verein/, zuletzt geprüft am 01.05.2015.

IVIM - OII-Deutschland (IVIM) | OII-Deutschland (IVIM). Online verfügbar unter http://www.intersexualite.de/, zuletzt geprüft am 05.05.2015.

Startseite | SHG Intersexuelle Menschen Eltern. Online verfügbar unter http://eltern.shg.intersexuelle-menschen.net/, zuletzt geprüft am 01.05.2015.

Intersexualität. Stellungnahme (2012). Berlin: Dt. Ethikrat.

Barth, Elisa; Böttger, Ben; Ghattas, Dan Christian; Schneider, Ina (2013): Glossar. In: Elisa Barth, Ben Böttger, Dan Christian Ghattas und Ina Schneider (Hg.): Inter. Erfahrungen intergeschlechtlicher Menschen in der Welt der zwei Geschlechter. Berlin: NoNo, S. 115–118.

Barth, Elisa; Böttger, Ben; Ghattas, Dan Christian; Schneider, Ina (Hg.) (2013): Inter. Erfahrungen intergeschlechtlicher Menschen in der Welt der zwei Geschlechter. Berlin: NoNo.

Barth, Elisa; Böttger, Ben; Ghattas, Dan Christian; Schneider, Ina (2013): Organisationen. In: Elisa Barth, Ben Böttger, Dan Christian Ghattas und Ina Schneider (Hg.): Inter. Erfahrungen intergeschlechtlicher Menschen in der Welt der zwei Geschlechter. Berlin: NoNo, S. 119–121.

Barth, Elisa; Böttger, Ben; Ghattas, Dan Christian; Schneider, Ina (2013): Vorwort. In: Elisa Barth, Ben Böttger, Dan Christian Ghattas und Ina Schneider (Hg.): Inter. Erfahrungen intergeschlechtlicher Menschen in der Welt der zwei Geschlechter. Berlin: NoNo, S. 7–9.

Beigang, Maxi (2015): Er? Sie? Dazwischen! "Hen" Schweden mal wieder ganz weit vorne: Im Wörterbuch des skandinavischen Landes steht ab heute ganz offiziell ein geschlechtsneutrales Personalpronomen. In: *TAZ. Die Tageszeitung* 37, 15.04.2015 (Nr. 10689), S. 6.

Bengsch, Danielle (2012): Intersexualität: Ein Geschlecht, das weder Frau noch Mann ist - DIE WELT. Online verfügbar unter http://www.welt.de/gesundheit/article13873950/Ein-Geschlecht-das-weder-Frau-noch-Mann-ist.html, zuletzt aktualisiert am 19.02.2012, zuletzt geprüft am 01.05.2015.

Bengsch, Danielle (2012): Intersexualität: Ein Geschlecht, das weder Frau noch Mann ist - DIE WELT. Online verfügbar unter http://www.welt.de/gesundheit/article13873950/Ein-Geschlecht-das-weder-Frau-noch-Mann-ist.html, zuletzt aktualisiert am 19.02.2012, zuletzt geprüft am 16.06.2015.

Breitenbach, Eva (2010): Zur Bedeutung der Geschlechtszugehörigkeit für die Arbeit im Elementarbereich. In: Jörg Hagedorn, Verena Schurt, Corinna Steber und Wiebke Waburg (Hg.): Ethnizität, Geschlecht, Familie und Schule. Heterogenität als erziehungswissenschaftliche Herausforderung. 1. Aufl. Wiesbaden: VS Verlag für Sozialwissenschaften, S. 141–156.

Brill, Stephanie A.; Pepper, Rachel (2011): Wenn Kinder anders fühlen - Identität im anderen Geschlecht. Ein Ratgeber für Eltern. Übersetzt von Friedrich W. Kron und Raimund J. Fender. München: E. Reinhardt.

Brodocz, André; Hammer, Stefanie (Hg.) (2012): Variationen der Macht. Baden-Baden: Nomos (Schriftenreihe der Sektion Politische Theorien und Ideengeschichte in der Deutschen Vereinigung für Politische Wissenschaft, 25).

Bundeszentrale für politische Bildung: Intersexualität: Leben zwischen den Geschlechtern | bpb. Online verfügbar unter http://www.bpb.de/apuz/135442/intersexualitaet-leben-zwischen-den-geschlechtern?p=all, zuletzt geprüft am 01.06.2015.

Connell, Raewyn (2013): Gender. Übersetzt von Reinhart Klößler. In: Ilse Lenz und Michael Meuser (Hg.): Gender, Bd. 53. Wiesbaden: Springer VS- Verlag für Sozialwissenschaften (Geschlecht und Gesellschaft, 53), S. 11–219.

Dericks-Tan, Jeanne S. E.; Martin, Gerold (2000): Onans Kinder. Merk-Würdiges zu Sexualität und Fortpflanzung aus Geschichte und Medizin ; 7 Tabellen. Alzenau: Abadi.

Ehlert, Gudrun; Funk, Heide; Stecklina, Gerd (2011): Warum ein Wörterbuch zu Sotialer Arbeit und Geschlecht? In: Gudrun Ehlert, Heide Funk und Gerd Stecklina (Hg.): Wörterbuch Soziale Arbeit und Geschlecht. 1. Aufl. Weinheim, Bergstr: Juventa.

Ehlert, Gudrun; Funk, Heide; Stecklina, Gerd (Hg.) (2011): Wörterbuch Soziale Arbeit und Geschlecht. 1. Aufl. Weinheim, Bergstr: Juventa.

Emmerich, Marcus; Hormel, Ulrike (2013): Heterogenität - Diversity - Intersektionalität. Zur Logik sozialer Unterscheidungen in pädagogischen Semantiken der Differenz. Wiesbaden: Springer Fachmedien Wiesbaden; Imprint: Springer VS (SpringerLink : Bücher).

Fritzsche, Bettina; Hackmann, Kristina; Hartmann, Jutta; Klesse, Christian; Wagenknecht, Peter (Hg.) (2007): Heteronormativität. Empirische Studien zu Geschlecht, Sexualität und Macht. 1. Aufl. Wiesbaden: VS, Verl. für Sozialwiss (Studien interdisziplinäre Geschlechterforschung, 10).

Gildemeister, Reginde; Robert, Günther (2011): Diversität. In: Gudrun Ehlert, Heide Funk und Gerd Stecklina (Hg.): Wörterbuch Soziale Arbeit und Geschlecht. 1. Aufl. Weinheim, Bergstr: Juventa, S. 93–98.

Graf, Antonia (2012): Doing Substainability. Die Macht des Subjekts als konstitutives Element der diskursiver Unternehmensmacht. In: André Brodocz und Stefanie Hammer (Hg.): Variationen der Macht. Baden-Baden: Nomos (Schriftenreihe der Sektion Politische Theorien und Ideengeschichte in der Deutschen Vereinigung für Politische Wissenschaft, 25), S. 113–130.

Haeger, Kaja; Leiprecht, Rudolf (2013): Diversitätsbewusste Ansätze in der Sozialen Arbeit: Zentrale theoriebezogene Konzepte am Beispiel einer Intersektionalitätsanalyse in der Verbindung von Heteronormativität, Männlichkeiten und ethnisch-kulturellen Zuschreibungen. In: Melanie Plößer und Kim-Patrick Sabla (Hg.): Gendertheorien und Theorien Sozialer Arbeit. Bezüge, Lücken und Herausforderungen. Opladen: Verlag Barbara Budrich, S. 99–113.

Hagedorn, Jörg; Schurt, Verena; Steber, Corinna; Waburg, Wiebke (Hg.) (2010): Ethnizität, Geschlecht, Familie und Schule. Heterogenität als erziehungswissenschaftliche Herausforderung. 1. Aufl. Wiesbaden: VS Verlag für Sozialwissenschaften.

Hartmann, Jutta; Klesse, Christian (2007): Heteronormativität. Empirische Studien zu Geschlecht, Sexualität und Macht- eine Einführung. In: Bettina Fritzsche, Kristina Hackmann, Jutta Hartmann, Christian Klesse und Peter Wagenknecht (Hg.): Heteronormativität. Empirische Studien zu Geschlecht, Sexualität und Macht. 1. Aufl. Wiesbaden: VS, Verl. für Sozialwiss (Studien interdisziplinäre Geschlechterforschung, 10), S. 9–15.

Klöppel, Ulrike (2010): XX0XY ungelöst. Hermaphroditismus, Sex und Gender in der deutschen Medizin ; eine historische Studie zur Intersexualität. Bielefeld: transcript (GenderCodes, 12).

Koher, Frauke; Pühl, Katharina (Hg.) (2003): Gewalt und Geschlecht. Konstruktionen, Positionen, Praxen. Opladen: Leske + Budrich.

Kugler, Thomas; Nordt, Stephanie (2012): Geschlechtliche und sexuelle Vielfalt in der pädagogischen Arbeit mit Kindern und Jugendlichen. Handreichung für Fachkräfte der Kinder- und Jugendhilfe. Hg. v. Jugend und Wissenschaft Rahmen der Initiative "Berlin tritt ein für Selbstbestimmung und Akzeptanz sexueller Vielfalt" Im Sozialpädagogisches Fortbildungsinstitut Berlin-Brandenburg und Bildungsinitiative QUEERFORMAT gefördert von der Senatsverwaltung für Bildung. Berlin.

Leenen, Wolf-Rainer; Scheitza, Alexander; Wiedemeyer, Michael (2006): Diversität nutzen. Münster u.a: Waxmann.

Lenz, Ilse; Meuser, Michael (Hg.) (2013): Gender. Wiesbaden: Springer VS- Verlag für Sozialwissenschaften (Geschlecht und Gesellschaft, 53).

Macha, Hildegard (2010): Geschlecht und Erziehung in Familien und die doppelte Entgrenzung. In: Jörg Hagedorn, Verena Schurt, Corinna Steber und Wiebke Waburg (Hg.): Ethnizität, Geschlecht,

Familie und Schule. Heterogenität als erziehungswissenschaftliche Herausforderung. 1. Aufl. Wiesbaden: VS Verlag für Sozialwissenschaften, S. 217–236.

Micus-Loos, Christiane (2011): Erziehung. In: Gudrun Ehlert, Heide Funk und Gerd Stecklina (Hg.): Wörterbuch Soziale Arbeit und Geschlecht. 1. Aufl. Weinheim, Bergstr: Juventa, S. 115–117.

Micus-Loos, Christiane (2013): Herausforderungen genderbezogener Sozialer Arbeit. In: Melanie Plößer und Kim-Patrick Sabla (Hg.): Gendertheorien und Theorien Sozialer Arbeit. Bezüge, Lücken und Herausforderungen. Opladen: Verlag Barbara Budrich, S. 179–197.

Nussberger, Erika (2014): Zwischen Tabu und Skandal. Hermaphroditen von der Antike bis heute. Wien: Böhlau.

Plett, Konstanze (2003): Intersexuelle gefangen zwischen Recht und Medizin. In: Frauke Koher und Katharina Pühl (Hg.): Gewalt und Geschlecht. Konstruktionen, Positionen, Praxen. Opladen: Leske + Budrich, S. 21–42.

Plößer, Melanie (2013): Die Macht der (Geschlechter-)Norm. Überlegungen zur Bedeutung von Judith Butlers dekonstruktiver Gendertheorie für die Soziale Arbeit. In: Melanie Plößer und Kim-Patrick Sabla (Hg.): Gendertheorien und Theorien Sozialer Arbeit. Bezüge, Lücken und Herausforderungen. Opladen: Verlag Barbara Budrich, S. 199–216.

Plößer, Melanie; Sabla, Kim-Patrick (Hg.) (2013): Gendertheorien und Theorien Sozialer Arbeit. Bezüge, Lücken und Herausforderungen. Opladen: Verlag Barbara Budrich.

Plößer, Melanie; Sabla, Kim-Patrick (2013): Gendertheorien und Theorien Sozialer Arbeit. Eine Einführung. In: Melanie Plößer und Kim-Patrick Sabla (Hg.): Gendertheorien und Theorien Sozialer Arbeit. Bezüge, Lücken und Herausforderungen. Opladen: Verlag Barbara Budrich, S. 7–20.

Rendtorff, Barbara (2006): Erziehung und Geschlecht. Eine Einführung. Stuttgart: Kohlhammer (Kohlhammer-Urban-Taschenbücher, 690).

Rohleder, Christiane (2006): Familie, Geschlechterkonstruktion und Soziale Arbeit. In: Margherita Zander, Luise Hartwig und Irma Jansen (Hg.): Geschlecht Nebensache? Zur Aktualität einer Gender-Perspektive in der Sozialen Arbeit. Wiesbaden: VS Verlag für Sozialwissenschaften / GWV Fachverlage GmbH, Wiesbaden, S. 291–310.

Salzbrunn, Monika (2014): Vielfalt/Diversität. 1. Aufl. Bielefeld: transcript (Einsichten).

Senel, Müjgan (2011): Diversität. In: Gudrun Ehlert, Heide Funk und Gerd Stecklina (Hg.): Wörterbuch Soziale Arbeit und Geschlecht. 1. Aufl. Weinheim, Bergstr: Juventa, S. 93–95.

Thüringer Ministerium für Bildung, Wissenschaft und Kultur (2008): Thüringer Bildungsplan für Kinder bis 10 Jahre. 2008. Aufl. Weimar, Berlin: Verl. Das Netz.

Uhlendorff, Uwe; Euteneuer, Matthias; Sabla, Kim-Patrick (2013): Soziale Arbeit mit Familien. In: *Soziale Arbeit mit Familien* 3913.

Wagenknecht, Peter (2007): Was ist Heteronormativität? Zu Geschichte und Gehalt des Begriffs. In: Bettina Fritzsche, Kristina Hackmann, Jutta Hartmann, Christian Klesse und Peter Wagenknecht (Hg.): Heteronormativität. Empirische Studien zu Geschlecht, Sexualität und Macht. 1. Aufl. Wiesbaden: VS, Verl. für Sozialwiss (Studien interdisziplinäre Geschlechterforschung, 10), S. 17–34.

Westphal, Manuela (2010): Gender und Heterogenität in der politischen Bildung mit eingewanderten Frauen und Männern. In: Jörg Hagedorn, Verena Schurt, Corinna Steber und Wiebke Waburg (Hg.): Ethnizität, Geschlecht, Familie und Schule. Heterogenität als erziehungswissenschaftliche Herausforderung. 1. Aufl. Wiesbaden: VS Verlag für Sozialwissenschaften, S. 189–216.

Zander, Margherita; Hartwig, Luise; Jansen, Irma (Hg.) (2006): Geschlecht Nebensache? Zur Aktualität einer Gender-Perspektive in der Sozialen Arbeit. Wiesbaden: VS Verlag für Sozialwissenschaften / GWV Fachverlage GmbH, Wiesbaden.

Printed by Books on Demand GmbH, Norderstedt / Germany